[編著] 岩田美香
髙良麻子

スクールソーシャルワーカーの実践から

いじめ・虐待・貧困から子どもたちを守るための
Q&A100

生活書院

はじめに

「私はいらない存在なの」「ごめんなさい。もうしません」「誰もわかってくれない」……子どもたちは、いじめ、不登校、虐待、貧困、孤立などの様々な困難に直面し、悩み、苦しみ、耐え、もがき、あきらめています。「今よりも昔の方がもっと貧しくて大変だった」とか、「困難に打ち勝ってこそ、子どもは成長できる」といった意見もあることでしょう。しかしながら、子どもの成長を阻害する、本来であればあってはならない状況に置かれている子どもが増えているのが日本の現状なのです。

児童相談所での児童虐待相談対応件数は増え続け、毎年最多記録を更新しています。また、子どもの 7 人に 1 人は貧困状態であり、ひとり親家庭の経済状態は先進国の中で最悪な水準だと言われています。このような虐待や貧困などによって、乳児院や児童養護施設などで生活している子どもも多数います。約 75% の学校でいじめが認知されているとともに、友人関係をめぐる問題などによって、約 1.5% の子どもが不登校になっています。また、児童ポルノや児童買春のように、子どもを搾取対象とした状況が見られています。そして、大人の自殺者が減るなか、少子化にもかかわらず 19 歳以下の自殺者数は増えているのです。

これまでのように、「子どもの養育は家庭がするものだ」といった考えでは、このような困難に直面する子どもは増え続けることでしょう。それだけ、世帯の縮小、人口減少、婚姻関係の多様化、地域社会の弱体化、労使関係の変容、社会的経済的格差の拡大などを背景として、日本の家庭や社会は変容してきているのです。このような状況においては、すべての大

人が子どもの育ちをサポートする必要があります。つまり、すべての子どもが、生きる権利、育つ権利、守られる権利、参加する権利（子どもの権利条約）を実現し、その有する能力を存分に発揮することができる機会を提供することが、我々すべての大人の責任だといえます。

　その中でも、児童生徒の悩みや抱えている問題の解決に向けて専門的に支援をしている専門職のひとつが、スクールソーシャルワーカーです。社会生活を営むうえでの困難などを、様々なサービスや人びととのつながりなどを活かしながらご本人が解決し、人としての尊厳と人権が守られるよう包括的に支援するソーシャルワーカーの中でも、子どもの支援を学校とともに行うのがスクールソーシャルワーカーです。欧米においては 100 年以上も続いていますが、日本においては全国的に活動が開始されてから約 10 年といったところです。それでも、実際の支援実践などから、子どもたちが困難に直面した時にどのように支援をすればよいのか、またどうすれば困難を予防できるのかといった、解決への糸口が見えてきています。

　そこで、このようなヒントをスクールソーシャルワーカーのみならず、子どもたちに接する保護者、教職員、地域の方々などに知っていただき、子どもが少しでも早くつらい思いをしなくてもよくなるように、そして嫌な思いをする子どもが少しでも減るようにできないものかとの想いから本書の作成がはじまりました。また、スクールソーシャルワーカーを有効に活用してもらいたいとの想いも込められています。そのため、経験年数の長い現役のスクールソーシャルワーカーはもとより、スクールソーシャルワーカーの教育やスーパービジョンなどに従事している者が執筆を担当しました。

本書の構成としては、第1章がスクールソーシャルワーカーを活用するために必要だと考えられる情報、第2章がいじめや不登校などの学校における困難に対処するために必要だと考えられる情報、第3章が虐待などの子育てに関する困難に対処するために必要だと考えられる情報、第4章が貧困状態におかれている子どもの困難に対処するために必要だと考えられる情報、そして第5章で発達障害や子どものこころの問題などに対処するために必要だと考えられる情報を掲載しています。

　すべてを読まなくても必要な情報を得ることができるように、Q&Aの形式にしました。これまでのスクールソーシャルワーカーの実践において、よく質問されたとか、多くの人が悩んでいたといった内容を質問にしています。その質問も、誰にでもわかりやすいように、具体的なものにしてあります。そのため、実際の状況と比べると、部分的にだけ該当するということも多々あると思いますが、参考にして状況の理解を深め、実際の相談窓口や専門職などに相談する、あるいは行動に移していただければ幸いです。なにより、困難な状況にいる子どもを知ろうとするきっかけになってもらえればと思います。その関心が子どもたちの幸せにつながっていくのではないでしょうか。

高良麻子

目次

はじめに　髙良麻子　3

第❶章
スクールソーシャルワーカーとは？

- **Q1**　スクールソーシャルワーカーにはどんな相談ができますか？　12
- **Q2**　スクールカウンセラーとの違いを教えてください　13
- **Q3**　保健室の先生とはどうちがいますか？　14
- **Q4**　スクールソーシャルワーカーになるには資格が必要ですか？　16
- **Q5**　社会福祉士や精神保健福祉士ってなんですか？　17
- **Q6**　スクールソーシャルワーカーの成り立ちについて教えてください　18
- **Q7**　スクールソーシャルワーカーは全国に何人ぐらいいますか？　20
- **Q8**　スクールソーシャルワーカーには「配置型」と「派遣型」がある？　21
- **Q9**　スクールソーシャルワーカーになる方法は？　22
- **Q10**　どうすればスクールソーシャルワーカーに相談できますか？　24
- **Q11**　スクールソーシャルワーカーに子育ての問題は相談できますか？　25
- **Q12**　子どもの成績や進路について相談したいと思っています　26
- **Q13**　親子のケンカが絶えません。相談にのってもらえますか？　28
- **Q14**　学校が不祥事を起こしたときはどう対応してくれますか？　29
- **Q15**　子どもとふたりだけで会ってくれますか？　30
- **Q16**　相談がその後の通学や進学に影響することはありませんか？　32
- **Q17**　スクールソーシャルワーカーが問題を解決する方法は？　33
- **Q18**　スクールソーシャルワーカーは中立ですか？　34
- **Q19**　スクールソーシャルワーカーが不足しているのはなぜですか？　36
- **Q20**　学校の先生だけでなぜ子どもの問題を解決できないのですか？　37

Q&A
子どもたちを守るソーシャルワーク

第2章
いじめや不登校など
学校についての悩み

Q21 SNSに悪口を書かれているようです　40

Q22 大事なものをよくなくして帰ってきます　41

Q23 夜なのに子どもが電話で呼びだされて外出します　42

Q24 娘が弟や妹にあたり散らすようになりました　44

Q25 ふだん元気がなく、成績も落ちてきました　45

Q26 子どもの部屋に買い与えていないおもちゃがありました　46

Q27 「いじめ」があるはずなのに学校側は認めてくれません　48

Q28 「いじめ」の訴えは過剰反応なのではありませんか？　49

Q29 「いじめ」以外の理由でも学校に行かなくなることがありますか？　50

Q30 子どもが理由もなく学校を休みがちです　52

Q31 「なぜ学校に行かなければならないのか」と聞かれ、困っています　53

Q32 娘の暴力と甘えに向きあう方法を教えてください　54

Q33 不登校の息子に主人はまったく関心を持ってくれません　56

Q34 学校に行かない息子を溺愛する妻は「いい母親」なのでしょうか？　57

Q35 不登校の娘がついに引きこもるようになってしまいました　58

Q36 ようやく学校へ行きはじめましたがまだまだ不安です　60

Q37 不登校の生徒に担任は何をしてやればいいのでしょうか？　61

Q38 ほかの学校への転校は不登校の解消につながりますか？　62

Q39 娘の手首に切り傷がたくさんあります　64

Q40 「フリースクール」の選び方を教えてください　65

第3章
虐待？　ネグレクト？
子育てについての悩み

- **Q41** 虐待の件数が増えているのはなぜですか？　68
- **Q42** どこまでが「しつけ」？　どこからが「虐待」？　69
- **Q43** 共働きで夜が遅いのもネグレクト（育児放棄）になりますか？　70
- **Q44** 子どもとの口論も虐待のうちですか？　72
- **Q45** 子どもに家事を手伝わせるのも虐待になりますか？　73
- **Q46** 自分の子どもなのにまったく可愛いと思えません　74
- **Q47** 子どもの将来を思ってのことなのに夫は賛成してくれません　76
- **Q48** わが子を虐待してしまう親の気持ちが理解できません　77
- **Q49** いつも挨拶してくれる子どもがなんだかしょんぼりしています　78
- **Q50** 近所の子どもが大きな声で泣いています。どうすれば？　80
- **Q51** ずいぶん汚い身なりをした子どもが近所にいます　81
- **Q52** とてもおびえたような子どもを近くの公園で見かけます　82
- **Q53** お隣のご主人が毎晩のように飲んで騒ぎます。子どもは大丈夫？　84
- **Q54** 子どもを置いての頻繁な外出は虐待ですか？　85
- **Q55** 性的な虐待の被害を第三者が見つけることはできますか？　86
- **Q56** とても礼儀正しいお子さんですが、ちょっとおかしくないですか？　88
- **Q57** 攻撃性の強い子どもは虐待を受けている可能性がありますか？　89
- **Q58** 担任のわたしに過度な執着をみせる生徒は虐待を疑うべきですか？　91
- **Q59** 給食の食べ方が異常に早く、何度もお代わりを求める児童がいます　92
- **Q60** 虐待を受けたことがあっても立ち直れるものですか？　93

第4章
子どもと家族の貧困問題

Q61 「豊かさ」「貧しさ」の基準を教えてください　96

Q62 日本で貧困に苦しんでいる子どもは何人ぐらい？　97

Q63 子どものどこを見れば「貧困」だとわかりますか？　98

Q64 親は何より子どものことを優先すべきですか？　100

Q65 貧しくてもたくましく育つ、ということもあるのでは？　101

Q66 「貧しさ」は子どもの成績に影響しますか？　102

Q67 子どもが望むものを買ってあげられないのは「貧困」ですか？　104

Q68 シングルマザーの貧困は「自己責任」ですか？　105

Q69 まだ若いのに生活保護を受けるなんて恥ずかしい　106

Q70 近く母子家庭になります。どこに相談すればいいですか？　108

Q71 「貧しさ」から脱する方法を教えてください　109

Q72 経済的に貧しい親は子どもを手放すべきですか？　110

Q73 障害を持つ親です。十分な収入がえられません　112

Q74 万引きする子は貧困家庭の子どもですか？　113

Q75 離婚後の子どもの生活を守るためにはどうすればいいですか？　114

Q76 貧しそうな子どもを見かけたらどうすべきですか？　116

Q77 「貧困」と「虐待」の関係について教えてください　117

Q78 「貧困」に陥る原因は、離婚による母子家庭の増加だけですか？　118

Q79 「子どもの貧困」は日本の将来にどんな影響を与えますか？　120

Q80 「子どもの貧困」を社会で支えるってどういうことですか？　121

第5章
発達障害・子どものこころと環境

- Q81　発達障害の子どもって何人ぐらい？　124
- Q82　どんな子どもが発達障害なの？ 何歳ぐらいまでにわかりますか？　125
- Q83　どこに行けば正確な診断を受けられますか？　126
- Q84　発達障害の何が問題なのですか？　128
- Q85　発達障害になる原因として考えられることはなんですか？　129
- Q86　自閉症と発達障害はどう違うのですか？　130
- Q87　発達障害は治らない？ 治療法はあるの？　132
- Q88　これからも通常学級で学ばせるべきですか？　133
- Q89　正直、子どもの将来を悲観しています　134
- Q90　発達障害の子どもに「協調運動」を学ばせるコツはありますか？　136
- Q91　小学生の子どもがうつ病になるってほんとうですか？　137
- Q92　発達障害とうつ病の関係について教えてください　138
- Q93　子どものうつ病で考えられる原因は何ですか？　140
- Q94　こころの病気になった子どもが入院できる病院ってどんなところ？　141
- Q95　子どものこころの病気について教えてください　142
- Q96　外国人の子どもが転校してきました　144
- Q97　スマートフォンをもたせるならルールはどうすればいいですか？　145
- Q98　頻繁な夫婦ゲンカはやはり子どもの情緒に影響しますか？　146
- Q99　素行に問題がある女子生徒のことで困っています　148
- Q100　死の悲しみをわかちあえるような指導方法を教えてください　149

おわりに　岩田美香　151

第1章

スクールソーシャルワーカーとは？

Q1 スクールソーシャルワーカーにはどんな相談ができますか?

長男が小学校に入学しました。わが家でははじめての経験です。入学式のあとに開かれた保護者会で「お子さんのことで何かお悩みなどがありましたらクラスの担任教員への相談やスクールソーシャルワーカーをご活用ください」と言われました。悩みといえるほどではないにせよ、自分の両親や小児科の医師ばかりではなく、だれかに相談してみたいと思うことは少なくありません。スクールソーシャルワーカーはどんな悩みを聞いてくれるのですか?

先生は教育の専門家で、医師は医療の専門家で、カウンセラーは心理の専門家ですが、ソーシャルワーカーは福祉の専門家です。福祉とは「社会とうまく付き合いながらその人らしく生きていくことやそのための支援のこと」を指します。スクールソーシャルワーカーは、子どもの学校生活において、子どもがその子らしく、勉強したり、活動したりすることを支援する仕事です。もちろん、スクールソーシャルワーカーだけで子どもの学校生活の安心、安全が守れるわけではありません。そのため、スクールソーシャルワーカーは、子どもや保護者、学校の先生などから相談を受けながらも、学校、家庭、地域の関係者が子どもによりよく関わっていける体制づくりのお手伝いもしています。

このような役割から、スクールソーシャルワーカーへの相談内容はさまざまです。保護者から相談を受ける内容として多いのは、不登校、いじめ、万引き・深夜徘徊・家出などの非行行為、対人関係でのトラブル、家庭内での対応、子どもの発達に関わる相談、経済面に関わる相談などがあります。これらの内容は、「いじめにあって学校に行きたがらない」「学校に長く行っていないんですが、最近、家で暴れるようになりました」「高校への進学を考えているがまとまったお金を準備するのが難しい」といっ

た形で相談を受け、その内容は重複していたり、悩みはじめて相談に来られるまでのタイミングもさまざまです。もちろん「どう相談したらいいかわからないんですが……」「はっきりと困っていることがあるわけではないんだけど……」ということで相談に来られる方もいらっしゃいます。何で悩み、何が問題なのかを一緒に整理することもスクールソーシャルワーカーの役割と思います。子どもの学校生活に関わることで、気になることがあったり、学校の先生以外に相談してみたいという思いがあれば、お声かけいただければと思います。（土井幸治）

Q2 スクールカウンセラーとの違いを教えてください

わたしの娘が通う中学校には「スクールソーシャルワーカー」と「スクールカウンセラー」がいます。親にさえ話せないようなことまで相談できるという話なのでとても安心しています。学校からの「お知らせ」には保護者の相談も聞いてくれると書いてありました。学校に「スクールソーシャルワーカー」と「スクールカウンセラー」の両方がいる場合、悩みの内容によって相談相手をこちらで選んでかえなければならないのでしょうか？

A　1995（平成7）年度から配置がはじまったスクールカウンセラーと、2008（平成20）年度から配置がはじまったスクールソーシャルワーカーは、ともに2017（平成29）年度より法定化（学校教育法施行規則）されました。前者は「児童の心理に関する支援に従事する」専門職、後者は「児童の福祉に関する支援に従事する」専門職として教職員の一員として位置づけられました。以下では事例を通して、その視点の違いを具体的に見ていきましょう。

ゆうこさん（中2）が腹痛などを訴え学校を休みがちです。心配した担任の紹介で母親がスクールカウンセラーと面談することになりました。母親は、ゆうこさんが今できていること・頑張っていること・難しいと感じ

第1章　スクールソーシャルワーカーとは？　13

ていることなどを共に整理する過程で、ゆうこさんの現状を理解することができました。理解が進むと、ゆうこさんとも余裕をもって関わることができるようになっていきました。

　面談を重ねるうちに、身体障がいを抱えた就学前の弟がおり、彼の就学や今後の生活上の心配があるということがわかりました。母親との面談や校内で協議し、就学相談や福祉制度にも詳しいスクールソーシャルワーカーを紹介することになりました。なぜなら、ゆうこさんの登校しぶりの背景には、両親間での弟の就学先を巡って、意見の衝突や見通しの持てない漠然とした不安なども大きく影響していると見立てられたからです。スクールソーシャルワーカーが必要な関係機関へ橋渡しを行ない、両親が見通しをもって弟の就学先を見据えられるようになると、次第にゆうこさんも元気に登校できるようになりました。

　このように、スクールソーシャルワーカーとスクールカウンセラーは、教職員と連携をしながら、それぞれの専門性を活かして支援を展開しています。地域によって、勤務場所や来校頻度などは異なります。誰に相談してよいかわからない場合には、まずは担任の先生や養護教諭などに相談してみるということも有効かもしれません。（宮地さつき）

Q3 保健室の先生とはどう違いますか？

　40代の母親です。わたし自身が子どもだったころ、友だちとケンカして気まずくなり、元気をなくしたときはよく保健室へ行ったものです。保健室の先生に何か悩み事を相談したというわけではないものの、その当時の子どもたちにとって、保健室は疲れたこころをちょっと休ませたいときにも利用する場所でもあったように思います。いまの子どもたちは、保健室では解消できないほど複雑な悩みを抱えてしまっているのでしょうか？

保健室とそこに配置されている養護教諭（保健室の先生）の基本的な役割は、子どもたちの心身の健康を守ることとされています。つまり、体だけでなく心の健康についても目を配り、寄り添ったり、アドバイスしたりすることが重要な役割としてそもそもあるのです。ですから、現在でも悩みを解消する場だったり、心を落ち着ける癒しの場だったりすることに変わりはありません。保健室を利用する理由として「けがの手当て」「体調が悪い」「友だちの付き添い」とともに、「なんとなく」が上位を占めていることも、子どもたちにとって保健室がそういう場であることの表れでしょう。また、「頭が痛い」「おなかが痛い」「朝起きられない」などの身体的な不調の背景にいじめや不登校、虐待などの問題がかかわっていることも多く、健康問題を入り口に子どもたちの多様な課題を発見できる場にもなっています。

　保健室の大きな特徴は、いつでも誰でも、特別な理由がなくても入室できて、そこに常に養護教諭がいるという点です。予約をしたり、どこかに出向いていかなくても、子どもたちの日常の中で自然に相談できる場が保健室です。

　相談の間口が広い保健室に寄せられたものの中から、家族のことや公的な支援機関との連携が必要なことは、スクールソーシャルワーカーの力を借りて解決することがあります。あるいは不登校になってしまい、教室に入ることができない生徒に対して、スクールソーシャルワーカーが保健室を居場所とすることを提案する場合もあります。

　今の子どもたちの悩みや課題があまりにも多様なため、保健室だけ、あるいは学校だけでなく、福祉や医療、心理など様々な専門家といっしょに考え、知恵を出し合わなければ解決策が導き出せないことが多くなっています。こういった様々な専門家と学校が連携していくための関係づくりをするのもスクールソーシャルワーカーの役割です。（多良恵子）

Q4 スクールソーシャルワーカーになるには資格が必要ですか？

わたしたちの息子が通う小学校のスクールソーシャルワーカーは、同じ地域の中学校で校長先生をしていた方のようです。生徒や保護者が抱えがちな悩みはもちろん、学校のことまでよくご存じなのでとても頼もしく感じていますが、親戚の子どもたちが通う別の学校では社会福祉士や警察官のOBにスクールソーシャルワーカーの役割を任せていると聞きました。スクールソーシャルワーカーには共通の資格や経歴といったものがあるのでしょうか？

いまの日本にはスクールソーシャルワーカーという「資格」はありません。このことからスクールソーシャルワーカーとして雇用されることが「スクールソーシャルワーカーになる」ということと同じ意味になります。各自治体での雇用に向けた選考条件は、文部科学省が示す条件に準拠した形で設定されていることが多いようです。社会福祉士や精神保健福祉士などの福祉の資格保有者とされていますが、地域の実情に応じて教育と福祉に関する知識、技術や経験などがあることで、求められている職務内容が遂行できる方でもよいとされています。

実態としては、社会福祉士、精神保健福祉士、社会福祉主事、介護福祉士、介護支援専門員、保育士など福祉系の資格保有者や臨床心理士、認定心理士、学校心理士などの心理系の資格保有者、教員免許の保有者などが雇用されているようです。

経歴としては、先ほどの資格の有無に関わらず、他分野でソーシャルワーカーをしていた方、行政の福祉部局・教職員・警察OBや民生児童委員など、経歴を上げると枚挙がないほどさまざまです。

スクールソーシャルワーカーとして活動するということは、ソーシャルワークの価値・知識・技能を有していることが求められます。このことか

ら社会福祉士や精神保健福祉士の資格保有者が望まれると思います。ただ両資格取得に向けたカリキュラムには、学校教育に関する科目は含まれていません。このことからスクールソーシャルワーカーとして活動する上で、これらの資格が十分条件とは言い難いと思います。この状況を補うため、一般社団法人日本ソーシャルワーク教育学校連盟では、両資格に上乗せする形でスクールソーシャルワーカーの教育課程を創設し、スクールソーシャルワーカーの養成の後押しをしています。またスクールソーシャルワーカーに関わる職能団体では、研修会、交流会を開催するなどスクールソーシャルワーカーの質を高める取組が続いています。（土井幸治）

Q5 社会福祉士や精神保健福祉士ってなんですか？

先日、子どもの小学校で講演会が開催されました。壇上に立っていろいろと教えてくれたスクールソーシャルワーカーは、社会福祉士の資格をもっていると言っていました。スクールソーシャルワーカーには精神保健福祉士の資格をもったひともいるそうです。正直、どちらの資格もよく知りません。学校で子どもや保護者の相談を受けるスクールソーシャルワーカーになぜそうした資格が必要になるのですか？ わかりやすく教えてください。

社会生活を営むうえでは、多かれ少なかれ誰もが病気、障害、困窮などによる生活不安や生活の危機を体験することがあると思います。このような生活問題を様々な社会資源を活用して本人が軽減あるいは解決できるように、専門的知識や技術で支援するのが国家資格の社会福祉士と精神保健福祉士です。社会福祉士は、生活困窮者、障害者、高齢者、児童、医療、司法、地域、そして教育福祉といったあらゆるところで相談援助を行っています。例えば、子どもの養護や障害などに関する相談援助を行う児童相談所の児童福祉司や、病院などで患者や家族の相談に応じる医療ソーシャルワーカー、

第1章 スクールソーシャルワーカーとは？　17

高齢者などの地域生活の継続のため包括的に相談支援を行う地域包括支援センターの社会福祉士などがいます。一方、同じ福祉の専門家ですが、精神保健福祉領域で活動しているのが精神保健福祉士です。精神障害者の社会復帰を目指して、精神科病院や司法施設などで活動しています。

スクールソーシャルワーカーは「ソーシャルワークの価値・知識・技術を基盤とする福祉の専門性を有する者として、不登校、いじめや暴力行為等問題行動、子供の貧困、児童虐待等の課題を抱える児童生徒」（学校教育法施行規則の一部を改正する省令の施行等について〔通知〕）への支援を行うとされています。児童生徒の権利の実現に向けて、児童生徒・家庭・地域などに働きかけるには、専門的価値・知識・技術が必要になります。それが無ければ、例えば、子どもの想いを無視して対応するとか、関係者がバラバラに動いてしまいいじめが悪化したといったようなことが起きえると考えられます。そのため、スクールソーシャルワーカー活用事業実施要領において、「社会福祉士や精神保健福祉士等の福祉に関する専門的な資格を有する者」から選考するものとされているとともに、実際これらの資格を有するスクールソーシャルワーカーが年々増加しています。（髙良麻子）

Q6 スクールソーシャルワーカーの成り立ちについて教えてください

　子どもの貧困が問題になりはじめたのはつい最近のことのように思いますが、いじめや不登校などはむかしからあった問題だと思います。これまでは保護者や学校の先生たちが当事者の子どもと話しあってどうにか解決してきたはずです。ここにきてスクールソーシャルワーカーの配置が求められるようになってきたのはなぜなのでしょう？　スクールソーシャルワーカーという職業が誕生したいきさつやその時代背景にも興味があります。

Ⓐ 「子どもの貧困」という言葉が社会的に認知されはじめたのは、最近のことと思いますが、子どもの貧困に関わる問題は以前からありました。学校制度が 1872（明治5）年に学制として整備され、子どもが学校に通うことが勧められるようになりました。当初は、貧困や少年労働を理由に不就学や長欠児童が多くみられました。一部の自治体では、訪問教師制度が導入され、福祉教員、訪問教師、カウンセラー教師などの名称で子どもの学習の保障に取り組まれてきました。この取組をスクールソーシャルワーカーの起源とする例もありますが、あくまで教員による教育活動であり、福祉の専門家による相談援助とは異なります。その後、他にも非行、家出、性の逸脱、薬物、校内暴力、いじめ、児童虐待、ネットを介したトラブルなどの問題も認識されるようになりました。

教員以外の専門家の配置として、大きな影響を与えたのが、スクールカウンセラーの導入です。1995（平成7）年度から「スクールカウンセラー活用（調査研究委託）事業」が開始され、その後、補助事業として制度化されました。スクールカウンセラーが配置され、子どもの心の理解や心のケアが進み、一定の効果があったとされています。

このようななか、子どもの抱える問題の背景には、環境に関するものもあり、それらは複雑に絡み合っていると理解されるようになりました。このような問題理解があり、子どもとその環境の両方に働きかけるソーシャルワークへの関心が高まりました。実践としては、所沢市、赤穂市、結城市、香川県、大阪府、福岡県、熊本県などの一部の自治体で先駆的な取り組みもみられました。全国的な動きとしては、2008（平成20）年度から「スクールソーシャルワーカー活用（調査研究委託）事業」が開始され、学校にスクールソーシャルワーカーが導入されました。翌年度には補助事業として制度化され、スクールソーシャルワーカーの定着に向けた基盤が築かれました。（土井幸治）

第1章　スクールソーシャルワーカーとは？　　19

Q7 スクールソーシャルワーカーは全国に何人ぐらいいますか?

PTAの集まりなどでスクールソーシャルワーカーのことがよくお母さん方の話題にのぼっています。虐待や貧困、不登校やいじめといった問題をあつかう専門家のひとたちだということはわかるのですが、少なくともわたしの子どもたちが通う学校にはひとりもいないようです。日本の学校にはいまのところどのくらいの数のスクールソーシャルワーカーが配置されているのでしょう? 将来的な計画も含めて教えてください。

日本学校ソーシャルワーク学会は、2014(平成26)年9月末現在の実態として、全都道府県、政令指定都市及び市区町村教育委員会にスクールソーシャルワーカー事業の実態に関するアンケート調査を行っています。この調査によると都道府県では289名(55.3%)、政令指定都市では96名(55.0%)、市区町村では458名(41.1%)のスクールソーシャルワーカーが活用されています。( )内はアンケート調査で返答のあった割合です。返答がなかった地域もあることをふまえると約1,800名のスクールソーシャルワーカーが活用されていることが推測されます。また文部科学省によると2017(平成29)年度に国の補助事業にて活用されたスクールソーシャルワーカーは、約2,000名との報告があります。実際には各自治体で独自雇用されていることも考慮するともっと多くのスクールソーシャルワーカーが活躍していたことになります。また学会の調査によると、スクールソーシャルワーカーの人数については、自治体によって偏りがあることも報告されています。加えて同じ自治体でスクールソーシャルワーカーが雇用されていても、特定の学校(地域)のみに配置されている場合もあります。このような状況から知人や研修会では聞いたことはあるが、活用したことや会ったことはありませんという方もいらっしゃると思います。

文部科学省は、2019(平成31)年度までに10,000名のスクールソーシャ

ルワーカーを配置していくと目標設定を示しています。これは、中学校区に週半日程度でスクールソーシャルワーカーが活用されることを見通しての数値目標です。このことで今以上にスクールソーシャルワーカーという名称を聞いたり見たりする機会が増えると思います。しかし、スクールソーシャルワーカーが子ども、学校、家庭、地域と顔を合わせて一緒に取り組んでいくためには、十分な時間とは言い難いです。(土井幸治)

Q8 スクールソーシャルワーカーには「配置型」と「派遣型」がある?

小学生の息子が通う学校にはスクールソーシャルワーカーが常駐しておらず、相談したいときはあらかじめ約束をしておかなければなりません。ところが長女の中学校ではその必要がなく、いつでも自由に相談できるようになっています。同じ小学校でも地域によっては「配置型」と「派遣型」にわかれていると聞きました。スクールソーシャルワーカーの「配置型」と「派遣型」では相談したあとの対処の仕方に何か違いが出てくるのでしょうか?

スクールソーシャルワーカーの配置のされ方は、さまざまです。自治体やスクールソーシャルワーカーに話を聞くと配置のされ方の名称の違いは、スクールソーシャルワーカーの活動拠点の違いによるものが多いようです。言い換えれば、スクールソーシャルワーカーが出勤する場所です。

「配置型」とは、スクールソーシャルワーカーが小学校や中学校といった学校に出勤し、学校を拠点に家庭訪問をしたり、地域や関係機関を訪問したりして支援を行っていきます。もちろん校内の巡回や子ども、教職員や来校された保護者との面談なども行います。それに対して、「派遣型」とは、スクールソーシャルワーカーが学校以外の活動拠点に出勤し、配置型同様に相談を受けたり、家庭、地域や関係機関を訪問して支援を行います。また活動拠点が学校以外であることから、スクールソーシャルワー

第1章 スクールソーシャルワーカーとは?

カーが主体的に学校を訪問したり、学校が要請しやすい関係を築いておくことが求められます。

　相談後の対処の仕方の違いは、配置のされた方の違いでさほど変わりはないように思います。むしろ相談内容やその件数、雇用時間、学校、家庭、地域の支援体制などで変わってきます。配置のされ方に関わらず、週1日の勤務では、直接、子どもや保護者と面談をすることや家庭訪問などを継続していくことは難しいと思います。また相談内容が児童虐待、家庭内暴力、経済的な問題の場合は、福祉や警察などとの連携が必要で、発達障害などであれば医療などとの連携が求められることもあります。これらの取り組みに、学校、家庭、地域で取り組める人員や時間があるのかにも関わってきます。また支援内容が複雑で、福祉、医療、行政の仕組みなどの知識が特に必要な場合はスクールソーシャルワーカーの動きが強く求められるかもしれません。どのような配置のされ方であっても、相談内容をうかがい、どのような取組が必要かを示すことが共通して求められると思います。（土井幸治）

Q9 スクールソーシャルワーカーになる方法は？

　高校1年生の娘がいます。将来どんな職業に就きたいのか親子で話しあう機会も増えました。娘は医療や福祉の仕事に関心があるようです。とくに困り事を抱えた子どもたちの役に立ちたいと話していました。スクールソーシャルワーカーもそういった仕事の1つだと思います。これから進学すべき大学や学ぶべき専門性などはもちろんのこと、どのような心構えが必要なのか、できるだけアドバイスをしてやりたいと思っています。

　福祉の仕事に興味を持ってもらえて嬉しいです。こうすればスクールソーシャルワーカーになれるといったような決まりごとはありませんが、主に2つの点からスクー

ソーシャルワーカーになる方法をお伝えしたいと思います。

　まず、ほとんどのスクールソーシャルワーカーの求人要件に、社会福祉士や精神保健福祉士の資格を有することが入っています。これは、Q4やQ5で説明したように、社会福祉士や精神保健福祉士などの資格が必要だとされているとともに、実際、スクールソーシャルワーカーの職務を行うために必要な知識や技術などがこれらの養成教育で習得できるためです。そのため、社会福祉士あるいは精神保健福祉士の養成課程がある大学などで学ぶことをお勧めします。そのうちの一部の大学などでは、一般社団法人日本ソーシャルワーク教育学校連盟により認定されたスクール（学校）ソーシャルワーク教育課程を提供していますので、このような大学などを選ぶと、スクールソーシャルワーカーに必要な価値、知識、技術などを学ぶことができるでしょう。

　ただ、このような教育を修了したからといって、新卒でスクールソーシャルワーカーとして活動をはじめている人は少数です。その理由としては、ほとんどの教育委員会の求人要件において福祉や教育の分野における実務経験を求めているためです。これは、スクールソーシャルワーカーが不登校、いじめ、貧困、虐待などを体験している児童生徒の修学、健全育成、自己実現を図るために、児童生徒はもとより、家庭、学校、地域などに働きかけなければならないことを考えるとあたり前のことだと言えます。そのため、在学中に学習支援やメンタルフレンドなどのボランティア活動に参加して、子どもと接する機会を多く持つとともに、子どもに限らず多様な経験を積むことを心がけましょう。また、卒業後は児童養護施設の児童指導員などとして、子どもの最善の利益を目指した支援の実践力を高めるのも有益でしょう。（髙良麻子）

第1章　スクールソーシャルワーカーとは？　　23

Q10 どうすればスクールソーシャルワーカーに相談できますか？

うちの子どもたちが通う小学校では、スクールソーシャルワーカーへの「相談窓口」を設けています。まずは担当の先生と会って話すか、電話をかけて相談する仕組みです。でも、先生の指導法や学校運営にそもそも疑問をもっている親は、学校側にいきなり相談内容を知られたいとは思わないはずです。どのようにすればスクールソーシャルワーカーと直接に話せるのでしょうか？

誰かに相談をするということは、勇気がいることですよね。担当の先生に相談しなくてはならない……となると、さらに相談へのハードルが高く感じられる方もいると思います。スクールソーシャルワーカーは教育委員会に所属している場合が一般的で、相談のルートは、（学校がスクールソーシャルワーカーを要請するケースも含めて）学校を通して依頼される場合が多いです。さらに相談者の学校のように、ソーシャルワーカーへの直接の相談ルートを設けている地域もあります。担当の先生とお話をするということは、スクールソーシャルワーカーと相談する前に、準備出来ることはないか、学校で解決できることはないかなどを、確認することが目的となっています。

スクールソーシャルワーカーの相談窓口をはじめて設けた小学校で、「スクールソーシャルワーカーに直接相談したい」という保護者からの申し込みがありました。担当の先生は、保護者の緊張した様子から、詳しい相談内容は聞かずに、スクールソーシャルワーカーの役割を説明して、相談したい内容に合っているかどうかを保護者と確認し、スクールソーシャルワーカーと保護者の様子を共有した後に、面接の日程を調整しました。面接では、子どもがいじめられているかもしれないこと、保護者自身もいじめにあっていたことがあり、当時の担任に伝えたものの、対応してもらえなかった経験について語られました。この保護者のように、相談したこ

と自体が辛い経験として残っている場合、次に相談しようと思えなくなることもあります。スクールソーシャルワーカーは、守秘義務があるため、相談の中で知った秘密について、本人の許可を得ずに誰かに話すことはありません。しかし保護者の「学校を信頼できない」という気持ちを中心に考えすぎて、相談内容をほとんど開示しないまま問題解決を目指そうとしても、学校も身動きがとれず、結果的に何の対応も出来ないということもあります。保護者の了解も得て、情報共有の在り方をどう進めていくのか、ていねいに話し合うプロセスも、保護者と学校の信頼関係の構築につながっていくように感じています。（朝日華子）

Q11 スクールソーシャルワーカーに子育ての問題は相談できますか？

小学生になったばかりの子どもをもつ母親です。赤い大きなランドセルを背負って学校へ行く姿が頼もしくもあり、不安でもあります。シングルマザーなので子どもといっしょにすごす時間があまりもてません。仕事や家事の忙しさもあってなかなか相手をしてやれず、ひとり親が子どもの成長に与える影響を考えると心配になってしまいます。スクールソーシャルワーカーは、子育てに関するこんな悩みも聞いてくれるのでしょうか？

忙しく過ごしているお母さんにとって、日々成長していくお子さんの姿は、励みになるのと同時に、さまざまな心配や不安もあると思います。そういったお母さんの悩みを聴くことは、問題解決だけでなく、悩みが大きくならないための予防にもなると考えています。

ご相談のお母さんの具体的な経済状況は把握できませんが、厚生労働省の2016（平成28）年国民生活基礎調査では、「生活が苦しい」という母子家庭の割合は82.7％と非常に高く、経済的に厳しい中、子育てをされている方も多いようです。

子どもとの時間を大切にしたいと考え、離婚前から続けた正社員の仕事を辞めて、子どもが学校に行っている日中や、就寝後の時間に、パートをかけ持ちしていたお母さんがいました。お母さん自身も母子家庭で育ち、寂しい思いをしたり、経済的に厳しい状況を察して進学をあきらめたりした経験があり、同じ思いをさせたくないという気持ちがあったそうです。誰にも迷惑をかけたくないという思いも強く、うつ状態となって、家で寝込むことが増えても誰にも相談しませんでした。心配して付き添っていたお子さんが、学校に登校しないという日が続いたことで、家庭の様子が明らかとなったケースがありました。地域によって、違いはあるのですが、ひとりで子育てをされている方のための手当や年金、各種資金の貸付け、家計の援助、女性相談などの窓口、緊急時のすまいや施設など、日々をサポートする制度もあります。また、お母さん自身が仕事に就くための支援や職業訓練や講習会などもあります。今すぐに利用しなくても、制度や事業などの情報を知っておくことで、将来への見通しを持つことができ、不安が軽減したというケースもあります。お母さんにとってお子さんが大切な存在であるのと同じように、お子さんにとってお母さんはかけがえのない存在です。お母さん自身のメンタルヘルスへのサポートもスクールソーシャルワーカーの大切な役割であると考えています。（朝日華子）

Q12 子どもの成績や進路について相談したいと思っています

わたしのひとり娘はこの春、中学 2 年生になりました。そろそろ進路のことなども真剣に考えていかなければならない時期だと思っています。しかし、夏休み前の成績にかぎっては、あまりいい結果がえられず、本人も悩んでいるように見えました。一時的な落ち込みならばともかく、この先どうなっていくのか心配です。夫は娘の進路や就職についてどちらかといえば無関心なので、学校の先生以外にも相談相手がほしいところです。

中学校に入学して1年が過ぎ、定期テストや部活動など、中学校ならではの生活にも、ようやく馴染んできた頃なのではないでしょうか。中学校生活は、次々とイベントがあり、毎回目の前のことをこなしていくだけでも大変な作業です。それに加え、友だちや先輩後輩との関係性にSNSの利用も関連して、人間関係も複雑になり、他の生徒の人間関係のトラブルなどを耳にするだけでも、気持ちが揺さぶられることもあるようです。そのような中で、学習に集中して過ごせる日ばかりではないかもしれません。また、家族から少し距離をおいて、自分で考えたいという感情が生じる時期でもあります。

本人が悩んでいるように見えた、とのことですが、具体的に成績について話をする機会はあったでしょうか。悩んでいる姿を見て、どう声をかけたら良いのか悩み、あれこれ想像しているうちに、お母さん自身が不調になってしまったケースもありました。また、お子さんは、親の希望している学校とは別の学校への進学を希望していて、親に相談しづらいことが悩み、というケースもありました。家族でどんなことでも話し合ってきたけれど、改めて話をしようと切り出すのは難しい、それでなくても微妙な時期なのに、これまでの関係性も変わってしまいそう、という不安を聞くこともあります。しかし、進学し、学校に通うのはお子さん自身であることから、進路の選択は、お子さんを中心に考えていかなくてはならないテーマです。お子さんをサポートしていくためには、本人の具体的な思いを確認することは欠かせないようにも思います。

また、家庭環境や経済的な問題、病気や障害のことなど、成績や進路の悩みの背景にある問題に対応することで、お母さん自身の不安が軽減したこともありました。表面に出てきている問題の背景を一緒に整理していくことも、スクールソーシャルワーカーの大切な役割であると感じています。

(朝日華子)

Q13 親子のケンカが絶えません。相談にのってもらえますか？

高校1年生の息子が最近ほとんど口を利いてくれません。中学生のときは友だちとの関係までよく話してくれた息子です。年頃なので同性の父親に反発するのは仕方がないのかもしれませんが、せっかくつくったお弁当の感想さえまったく言ってくれません。しつこく聞けば必ず口ゲンカになってしまいます。思春期とはいえ、親子の関係をこじれさせたくありません。スクールソーシャルワーカーは、親子の仲裁役になってくれますか？

少し前までは何でも話してくれた息子さんが、ほとんど口を利かなくなり、このまま親子関係がこじれてしまうのでは、と心配されているのですね。息子さんとお母さんの接点であるお弁当を通じて、コミュニケーションを図ろうと努力されている様子も伝わってきました。高校生になると、これまでは交流がなかったようなタイプの友だちが増えたり、行動範囲が広がったり、お母さんの知らない息子さんの世界が広がっていくのを感じ、寂しさを感じる時期でもあるかと思います。

息子さんにとっては、さまざま友だちと出会い、関わる中で、自分はこういう人間なんだ、と客観的に自分自身を知り、社会的役割を考えはじめる、大人になるために大切な時期でもあります。親に反発することも、成長の中の健康な反応でもあります。息子さんは、自分自身の心の変化に戸惑いながらも、距離をおいてみたり、衝突してみたりしながら、親との距離感を調整しているのかもしれません。また、理想と現実のギャップや、他人からの評価で傷つくこともあり、小さなことにも過剰に反応して、親に八つ当たりをしてしまうこともあるかと思います。お母さんがケンカととらえていることも、息子さんはまた違うようにとらえているかもしれません。スクールソーシャルワーカーの役割としては、仲裁というよりは、それぞれの思いや願いを確認し、ケンカの原因やその背景について共に考

え、整理したり、それぞれが心地よく過ごせる環境を調整することなどがあげられます。

ご相談のようなケースの場合、少し距離を置きながら見守る時間が、必要な時もあります。その時間は、お子さんの成長に伴う家族のあり方について考える時間にもなります。その間、ひとりで抱え込まずに、スクールソーシャルワーカーをはじめ、様々な相談機関なども利用することで、客観的な意見を聞いたり、専門的なアドバイスを受けることも、その後のより良い関係性を築いていくために有効です。(朝日華子)

Q14 学校が不祥事を起こしたときはどう対応してくれますか？

子どもたちが通う学校ではさまざまな問題が起こります。もちろんいじめや不登校ばかりではありません。教員によるわいせつ行為や体罰、盗撮なんていう不祥事さえ起こります。夏場は給食の集団食中毒も心配です。学校の対応次第では先生や教育委員会への不信感が募ってしまいます。子どもへの影響もはかりしれません。こうした不祥事や事故が起こってしまった場合、スクールソーシャルワーカーはどんな対応をしてくれるのですか？

大切なお子さんが通っている学校で不祥事が起きたら、保護者として心配することは当然です。教職員に対する信用を失い、怒りを通り越して呆れてしまうこともあるでしょう。どのような事情があったとしても許されることではありません。まずはこのような事態にならないように事前に予防していくことが大前提ですが、ここでは万が一の事態が生じた後のスクールソーシャルワーカーの対応について2つの視点で考えていきましょう。

1つは、子どもたちの平常通りの学習環境の確保です。被害を受けた子どもはもちろんのこと、その周囲の子どもたちも大なり小なり衝撃を受け、動揺しています。騒ぎが大きくなればなるほど、そして長引けば長引くほ

第1章　スクールソーシャルワーカーとは？　29

ど、子どもたちは不安定な学校生活を余儀なくされてしまいます。そのような事態を防ぐことが、事後対応として最も優先されるべきことではないでしょうか。そのためにスクールソーシャルワーカーは、子どもたちの想いを代弁したり、学校側と保護者側の意見を調停したり、また、校内の教職員やスクールカウンセラー、さらには教育委員会の協働体制を整えるなど、多様な役割を果たします。

　もう1つは、管理職や教職員とともにリスクマネジメントの見直しです。各学校では災害時や事故などが生じた際の対応について教職員間で共有しています。しかし、不祥事などに関する事柄については、禁止事項の強化、互いに監視しあう、といった息苦しい方向へと向いていきがちです。そのことにより、教職員はストレスをより強く感じ、そのストレスが要因となって子どもたちへの不適切な関わりになって表出されるという、悪循環を生み出している場合もあります。スクールソーシャルワーカーは、校内研修などを通して、教職員自身のストレスへの対処方法の習得や教育活動に専念できる環境づくりの工夫など、再発防止やメンタルヘルスに寄与することによってリスク改善を図る手助けをすることもあります。（宮地さつき）

Q15 子どもとふたりだけで会ってくれますか？

　ぼくは中学2年の男子生徒です。いまのところぼくのクラスでは問題になっていませんが、これからもしもいじめられる子が出てきても、それを担任の先生や親に言えば告げ口したことになり、ぼくもいじめられてしまうかもしれません。ぼくが話したことをどうしても先生や親に知られたくないとき、スクールソーシャルワーカーはぼくのように思っている生徒とふたりだけで会ってくれますか？　ぼくが話したということも秘密にできますか？

中学2年生ぐらいになると、友だち関係も複雑になり、毎日色々なことがありますよね。さっきまでは仲良く過ごしていても、小さなことで口ゲンカになってしまったり、自分の気持ちも相手の気持ちも良く分からなくなったり……ということもあるかもしれません。いまのところ問題はないとのことですが、いつでも対応できるよう、準備をしておけると安心ですね。

　今回のご相談のように、いじめなどの問題は、ひとりで抱え込まずに「相談すること」が大切です。しかし、誰かに相談したいと思っても、相談することを告げ口と言われてしまうと、身動きがとれなくなってしまいますよね。それなら友だちに……と勇気を出して友だちに相談しても、余計に問題が大きくなってしまい、その友だちとの関係もぎくしゃくしてしまうかもしれません。こうしたことが続くと、相談しても解決しない、という気持ちになってしまいがちです。そのため、今回のように、「相談をすること」について、相談をしてくれたことは、とても大切なことだと思います。スクールソーシャルワーカーとの相談には、申し込みの手続きがあるので、誰にも知られずに相談することは難しいかもしれませんが、話した内容に関しては、あなたの思いを無視して誰かに話してしまうことはありません。スクールソーシャルワーカーは、子どもと同じ目線に立って、話を聴くことを大切にしています。内容を秘密にするかどうかも、一緒に考えます。どうしても、誰にも知られずに相談したい場合には、チャイルドラインや子どもSOSダイヤル、子どもの人権110番など、電話やメールでの相談を受け付けている機関もあります。「自分が困っているということを声に出す（SOSを出す）」「相談する」ということは生きていく上でとても大切なスキルです。早めに、客観的な視点で判断のできる人に相談することで、問題が深刻になる前に解決することができます。（朝日華子）

第1章　スクールソーシャルワーカーとは？　　31

Q16 相談がその後の通学や進学に影響することはありませんか？

SNSなどの普及によって最近はむかしにくらべて情報があっという間に広がってしまいます。相談の内容は当然のことながら、「あの子の親がスクールソーシャルワーカーに会っていた」なんていう噂がほかの保護者たちに伝わると、いろんな尾ひれがついてしまいそうで怖くなります。相談を理由に学校側との関係が悪くなり、近所づきあいまでかわってしまったら同じ町で暮らしていけません。影響を最小限にする方法はありますか？

　　SNSは便利であると共に、情報の内容や広がり方に不安を感じることもありますね。相談したことが周囲に知られて、尾ひれがついてしまうという心配は、当然のことと思います。相談をすることが周囲の人にとってどのように思われるのかについて考えると、相談すること自体が不安を高めることもあると思います。しかし、その心配のあまり相談の機会を失ってしまい、事態がより深刻になってしまうこともありますね。スクールカウンセラーなどが導入され、学校で相談ができるようになった当初は、隠れて相談に来るなど、相談への敷居が高かったように思います。けれどもスクールカウンセラーについての認識も高まり、相談したという事実だけで、通学や進学への影響を心配する方は少なくなってきました。現在の学校では、多くの子どもたちが当たり前のように相談室に訪れていますし、保護者の方もたびたび相談に来られています。スクールソーシャルワーカーについても同様に、地域での理解が深まりつつあり、相談内容も幅広くなりつつあります。

　また相談を理由に学校側との関係が悪くなるということを心配されるようですが、その心配の背景には、相談後に、相談内容をどう扱われるのかということに対する不安もあると思います。スクールソーシャルワーカーには守秘義務があり、相談内容を許可なく他の人に広げることはありませ

ん。内容によっては、地域との情報共有が必要となる場合もありますが、ご相談された方の許可を得ずに地域の方に話をしたり、知られることで不利益が生じるような内容を伝えることはありません。また、情報共有をする地域の人は限られていて、主任児童委員や民生委員など、守秘義務のある方たちが多く、支援以外で個人情報を話してしまうことはありません。学校で相談をするということが気になるようであれば、相談の日時や相談を受ける場所を調整することで、相談をすることへの不安を軽減することもあります。(朝日華子)

Q17 スクールソーシャルワーカーが問題を解決する方法は？

いじめや貧困、不登校の背景がそれぞれ異なるように学校の環境さえ全国一律とはいえません。新興住宅地の学校、古くからある街の学校、過疎化がすすむ地方の学校……。地域の違いにかぎらず家庭の事情もさまざまです。子どもの個性だって十人十色。これほど多様性がある社会や学校で起きる問題をスクールソーシャルワーカーはどのような方法で解決するでしょうか？　問題解決にスクールソーシャルワーカーの個性も関係してきますか？

スクールソーシャルワーカーは、問題を子どもとその環境の関係性から生じたものとして理解します。この「環境」とは、学校・家庭・地域などの生活の場だったり、先生・友だち・保護者・地域の人などの人だったり、医療・福祉・教育などの各種サービスだったりします。学校に行きたくないと訴え、欠席が続く子どもに対しても「学校に行かないからダメ」と一方的な理解はしません。もしかしたら、勉強や友だちとの関係などで悩んでいたり、自宅に病気の家族がいて看病をしているかもしれません。目の前の問題だけではなく、その背景も含め子どもの抱える問題を理解します。

第1章　スクールソーシャルワーカーとは？　　33

子どもが周囲の環境とうまく付き合いながら学校生活が送れるように、大きくは3つの働きを意識しています。1つ目は、子ども自身が自分のよい所や苦手なところ、取り組んでみたいことに気づき、自分のもっている力を引き出して問題に取り組んでいけるよう支援します。2つ目は、子どもが問題を解決するために有効な環境の調整を行います。この調整には、環境の紹介という場合もあれば、子どもと環境との間を取り持つ働きもあります。3つ目は、子どもにとって必要な環境をつくっていきます。例えば、人と関わるのが苦手、騒々しいなどで集団が苦手な場合は、子どもが安心して学習が出来ように校内で別室対応をする時間を確保できないか学校で検討して居場所づくりを行うこともあります。

このような働きを果たすために、日常的には子どもや学校の先生、保護者、地域の方と面談をしたり、なかなか外出することが困難な子どもや保護者においては家庭訪問を行なったり、関係者で集まって子どもに関する理解や関わりについて共通認識のもと支援が出来るよう話し合いを行ったりします。また子どもや学校、スクールソーシャルワーカーへの理解を深めてもらうために、学校の先生、保護者、地域の方を対象に研修活動なども行っています。（土井幸治）

Q18 スクールソーシャルワーカーは中立ですか？

スクールソーシャルワーカーは教育委員会に常勤または非常勤で雇用されていると聞きました。児童や生徒の問題を解決する方々がしっかりした身分でなければならない点は理解できますが、行政や学校はともすると組織を守ることに終始してしまいがちです。いじめや学級崩壊などが起きてもスクールソーシャルワーカーは保護者と学校のどちらにもかたよらない中立的な立場で問題を解決してくれるのでしょうか？

行政や学校が組織を守ることを重視するという印象は多くの方が持っていることだと思います。それは、女子中学生がいじめを苦に自殺したにもかかわらず学校側の報告を受けた教育委員会が「重大事態ではない」と議決した事件に象徴されるように、事実の隠蔽や保身などではないかと考えられることがこれまでに多くあったからでしょう。確かに、学校はその多くが教員という単一の職種の職場で、独自の文化を育み、その中には規則や権威の維持や外部からの介入に対する警戒などがあることが明らかになっています。しかしながら、スクールカウンセラーやスクールソーシャルワーカーなどの他の専門職が学校に入ることによって、開かれた学校に変化してきているのも事実です。また、保護者や地域住民が学校運営に参画するコミュニティ・スクールなども進められています。

　また、スクールソーシャルワーカーは教育委員会に所属しています。学校と教育委員会は異なる組織であり、教育委員会は学校の経営管理の指導や助言、児童生徒の問題行動対策、教育相談などを担っています。そのため、学校と児童生徒および保護者の間で学校に偏った立場で活動することがないような体制になっていると言えます。さらに日本では、学校から依頼されてからスクールソーシャルワーカーが学校に訪問する派遣型がほとんどを占めているため、学校との関係には一定の距離があると考えられます。それでも、スクールソーシャルワーカーの活動が、所属組織である教育委員会や実践現場である学校から影響を受けることは事実です。このような状況においても、社会福祉士や精神保健福祉士はそれぞれの倫理綱領に明記されている「利用者の利益を最優先に考える」ことを遵守し、問題解決に向けて支援を行っていきます。なお、このような不安を生じさせないためにも、あえて教育委員会とは異なる福祉事務所の所属にしている自治体もあります。（髙良麻子）

Q19 スクールソーシャルワーカーが不足しているのはなぜですか？

社会の変化にともなって子どもが抱える問題は複雑になっています。それでいてわたしたち保護者は仕事や家事に追われ、子どもと接する時間があまりとれず、学校の先生たちでさえ十分な目配りができない状況だと言われています。だからこそスクールソーシャルワーカーの役割が重要になってくるのだと思いますが、数の不足を指摘する声も聞こえてきます。人材育成や待遇改善など、行政が取り組むべき課題などについて教えてください。

確かにスクールソーシャルワーカーの数は現状でも不足しています。今後、中学校区にひとりの配置が目指されていますが、人材の確保は大きな課題です。ではなぜ不足しているのでしょうか。

まず、待遇が主な理由の1つだと言えます。ほとんどのスクールソーシャルワーカーは期間限定の非常勤雇用であり、時給制や日給制です。勤務時間は自治体によって多様ですが、日本学校ソーシャルワーク学会による 2014（平成 26）年時の調査によると、約 60％が週 2 日以下になっています。そのため、収入が安定しないばかりか、約 55％が社会保険にも加入できていない状況です。中には、交通費や旅費も支給されないところもあり、他の社会福祉士や精神保健福祉士の職場の多くが常勤であることを考えると、スクールソーシャルワーカーとして働きたいと思っても、実際の選択肢にはできないことが多いと考えられます。

2 つめの理由が人材養成についてです。Q9 で説明したように、スクールソーシャルワーカーの養成課程は大学などで提供されていますが、学部を卒業してすぐに就職できるような状況にありません。その結果、学部でスクールソーシャルワーカーになるべく教育を受けても、待遇とも関連して、実際に活動する人は一握りだと言えます。仮に、大学など卒業後に福祉や教育分野での経験を経てスクールソーシャルワーカーになったとして

も、最初から単独で他の専門職などと連携しながら職務を遂行しなければならないスクールソーシャルワーカーには、即戦力が求められています。それをサポートするだけのスーパービジョンなどの体制も、地域によっては整っていないのが現状です。

　行政はこのような課題を認識したうえで、スクールソーシャルワーカーが専門職性を活かして職務に専念できるように待遇を改善することが不可欠です。また、養成校などと連携して養成課程における実習などで実践力を高めるとともに、スーパービジョン体制を整備するなどの人材育成を進めていくことが期待されます。（髙良麻子）

Q20 学校の先生だけでなぜ子どもの問題を解決できないのですか？

　学校の先生たちは単に国語や算数などを教えるばかりでなく、子どもが社会の一員になれるよう導いていくことも重要な役割のひとつだと思っています。わたしも小学生時代に出会った先生の人格やふるまいから多くのことを学ばせてもらいました。かつての学校では、子ども同士のケンカやいじめの問題は担任の先生が「おとなの力量」を発揮して対処なさっていたはずです。最近はなぜ、専門家の助けが必要になってきたのでしょうか？

　日本においては、教員は学習指導を行うだけではなく、児童生徒の人格の発達のため学校生活が充実したものになるべく、生徒指導を行うことが定められています。つまり、これまでも、また現在も、教員は子どもの様々な問題に気づき、その解決に向けて活動していると言えます。

　しかしながら、世帯の縮少、経済的格差の拡大、地域社会の弱体化などを背景として、児童生徒が体験する生活問題は多様化、複雑化、深刻化、潜在化してきています。中でも、養育機能を十分に果たせない家庭が増加していることを考えると、家庭への支援がますます必要になってきていま

す。このような状況では、教育の専門家である教員だけで対応することが難しいのは当然のことです。まして、教員による過重労働が明らかになっている中では、教員と協働して子どもの問題に対処する専門家が必要になってきたわけです。

　例えば、いじめで考えてみると、これまでもいじめがなかったわけではありません。ただ、近年のいじめの背景には、家庭・学校・地域社会のそれぞれの要因が複雑に絡み合っていると考えられます。例えば、世帯の縮小や少子化による子どもの人間関係スキルの未熟さ、保護者の価値観の多様化によるいじめに関する認識の相違、地域住民による交流の減少による社会規範などの未習得、教員の多忙による交流の不足、異なるものを排除しようとする傾向などが絡み合って、いじめる生徒、いじめられる生徒、はやしたてる生徒、見てみないふりをする生徒によるいじめが生じていると言えます。このようないじめは、教員がいじめる生徒を叱って解決するはずもなく、むしろソーシャルメディアなどでいじめが潜在化および深刻化することになると考えられます。だからこそ、子どもや家族が絡み合った問題をときほぐして整理し、問題を解決していけるように、教職員や関係者とともに支援するスクールソーシャルワーカーが必要なのです。（髙良麻子）

第2章

いじめや不登校など
学校についての悩み

Q21 SNSに悪口を書かれているようです

小学校の高学年になったお祝いにほしがっていたスマートフォンをもたせ、親子のあいだでもよく画像の見せあいやメールの交換をしていましたが、娘は最近、自分のスマホを隠すようになり、理由を聞きましたが話してくれません。いけないとは思いつつ、こっそりたしかめてみると、SNSに悪口が書かれているようでした。担任の先生に話せば、スマホを盗み見たことが娘に伝わってしまいます。どうすればいいのか教えてください。

お子さんがいじめられていることは、親にとっても非常につらいことですね。「お子さんの携帯電話を見た」という発覚の仕方が、今後の対応に悪影響を与えないように、問題を切り分けて冷静に対応する必要があります。

まず、お子さんに、親がスマートフォンを見たことを率直に話す必要があります。その際、親が興味本位や疑いを持って見たわけではなく、お子さんの様子が心配で、手がかりが欲しくて見たということを伝えてください。「そもそも、あなたがスマホを隠すからいけないのよ」と怒ったり、過度に謝ったりしないで、冷静に話します。その上で、SNSに悪口が書かれていることについて話し合いますが、お子さんの気持ちや希望が最優先ですから、対応方法より先に、お子さんの気持ちを十分聞いてください。その後、対応方法について一緒に考えていくことになりますが、ここでも先生に相談するなどの具体的な行動に移る前に、お子さんの心の準備が必要です。親が子どもの気持ちを置いてきぼりにして、先走って相談することのないように注意しなければなりません。学校に相談する際は、学校に何を求めるのかをできるだけ明確にして伝えます。相手の子どもを罰してほしいと思うこともあるかもしれませんが、目的はいじめの解決であることを見失わないようにしてください。内容や経緯によっては、まず問題を整理するために、外部の相談機関を使った方がよい場合もあります。東京都の

「こたエール」に代表される専門相談窓口が地域にないか、探してみてください。いじめの被害が深刻で危険、悪質な場合には警察にも相談できます。

　不適切な写真がネットに掲載されたなどのトラブルは、写真を完全に消し去ることはほぼ不可能で、被害が一生続いていくおそれがあります。まずは携帯電話やSNS、ネットによるトラブルを起こさない・巻き込まれないということが最優先ですが、被害にあってしまった場合には、専門機関を活用した対応が必須です。（谷川由起子）

Q22　大事なものをよくなくして帰ってきます

　息子は小学4年生です。学校が近いせいか、より道はほとんどしません。あるとき、下校途中で体操着をなくしたというのでいっしょに探しに行きました。しかし、どこを探しても見つからず、次の日は、いつもランドセルに入れているはずの筆箱までなくして帰ってきました。本人になくした事情を聞いてみると、涙ぐむばかりで何も答えてくれません。いじめの疑いもありますが、息子の言葉を信じてやりたいという思いもあります。

　友だちから何かをされたお子さんが、精神的に苦痛を感じていたらそれはいじめになります。事が大きくならないうちに対処したい事柄です。頻繁にものがなくなり、お子さんもそのことについて話したがらないことから、いじめが心配されますが、子どもは親に心配をかけまいとなかなか話してくれないのも現状だと思います。一方親は一刻も早く事実をつきとめ、解決したいと思うでしょう。だからと言って、親が担任の先生やクラスメイトの保護者に直接聞いたら、それが巡り巡って子どもに返ってきてしまうのではないかなど、親の悩みも大きくなることでしょう。そこでまず、お子さんに「いつでも話をきくよ」と声をかけ、話しやすい雰囲気を作り、辛い時には学校を休ませてあげてください。さらに、心配のあまり親が騒ぎ立て

第2章　いじめや不登校など――学校についての悩み　41

ないことも心がけてください。

　このようなご相談を受けたときスクールソーシャルワーカーは、保護者や先生からの話を伺ったのち、何度も学校訪問をして、その子のクラスで掃除を一緒にしたり、総合などの授業の手伝いに行ったりして、クラスで子どもたちと一緒に過ごしながらクラスの雰囲気を把握していきました。クラス全体の様子と、その中でのお子さんの様子を見ながら、ご本人と何気ない接触をしました。それから徐々に本人と面談ができるようにしていき、話が聞けるような信頼関係を築いていきました。同時に周りの子どもたちの話を聞くこともできるようになって、状況がわかり、手だてを講じることができました。本人が信頼している先生がいるときは協力していただき、スクールカウンセラーさんに心のケアをしていただくこともあります。また、いじめたとされる側の子どもにもケアが必要なことがありますので、その子の様子もしっかり見ていきます。学校内での役割を分担しつつ、いじめた子が自分の誤った行為に気づき、お互いの関係が少しずつよくなる手だてを講じていきます。（中條桂子）

Q23 夜なのに子どもが電話で呼び出されて外出します

中学2年生の息子が最近、夕食のあとでよく出かけていきます。それほど遅くなって帰宅するわけではありませんが、あらかじめ約束があったわけではなく、電話で呼ばれて急に出かけていくところが気になっています。会う相手や行き先はまったく教えてくれません。だれかの言いなりになっているのであれば、いずれ夜遊びだけではすまされず、お金をとられたり、悪いことを強要されたりするのではないかと心配しています。

　お子さんは中学2年生、思春期のデリケートな時期です。ティーンエイジャーの扱いには手を焼くことが多いでしょう。この時期は親離れを意識しはじめるころでもあり、自

分とは何かを考える時期でもあります。そのためか親や先生を煙たく思っていたり、やたらイライラしていたりなど、まさに反抗期特有の言動も多いことでしょう。しかし、ふりかえってみると子ども自身にとってもこの時期は、あまり居心地の良い時期には思えません。大人はその点も理解をする必要があるでしょう。

　子どもたちは家から離れ親の干渉から逃れたいという気持ちから、仲間とつるんでいたいと思うようになるのでしょう。その仲間はまた同じように、斜に構えていて学校の規則などにも反発を覚え、「悪」にあこがれ喫煙をしてみたりなど、やんちゃのし放題だったりします。すると、親はますます心配になり、より過干渉になってしまうこともあるでしょう。しかし、そんな彼らが自分より少し前を行く、部活動で活躍する先輩に出会って落ち着くこともありました。

　一方で「体格もよくなり、何を考えているか理解できなくなってきたわが子を怖いと思った」とおっしゃるお母さんもおりましたが、そろそろ親もわが子をひとりの人間として見てあげていただきたいと思います。まだとても未熟ですが、ひとりの人格を持った尊い存在であることを、思春期のこの時期に親が認めることがとても大切だと感じます。未熟ながらもその成長を親が認めてくれたことから、子どもも親を人生の先輩と認め、自分の言動を振り返り、部活動や学習に取り組むようになった子どももいます。

　子どもと話し合う中でさらに助けが必要だと知った時は、学校はもとより児童相談所や警察の青少年相談の窓口への相談や届け出をすることも子どもとともに考えてください。（中條桂子）

Q24 娘が弟や妹にあたり散らすようになりました

娘は小学6年生です。ほかに小学3年生の息子と5歳の妹がいます。下の子どもたちとは仲がよく、ずっといいお姉ちゃんだったはずなのに、このごろは弟や妹が話しかけても相手にしないばかりか、しつこくすると大きな声で怒鳴ります。さらに機嫌が悪いときは、下の子どもたちのおもちゃを壁に投げつけるようなことまでします。弟や妹は怖がって近づこうとしなくなってしまいました。学校で何かあったのでしょうか？ 心配です。

お姉ちゃん自身が一番苦しんでいると思います。まずはお姉ちゃん本人に「あなたは私にとって一番大切な人」「あなたのことがとても心配」と伝えた上で、「何かつらいことがあるの？」と聞いてください。「なぜ弟や妹にきつくあたるの？」と責めることはしないでください。

ご質問のような状況は「家族にしか"やつあたり"できない」から起こります。真面目でしっかりしていて、がんばる子ほど、外でがまんしている分、家族にやつあたりしてしまうことがあります。ささくれ立った心で帰宅し、弟や妹の無邪気さや可愛さが気に障ってきつくあたり、罪悪感からまたイライラして「私に話しかけないで！」「近寄らないで！」と、さらにきつくあたってしまう悪循環です。

お姉ちゃんが自分の気持ちを話さなかったり、学校に相談して欲しくないと言う場合には、学校への相談の仕方にも注意が必要です。問題解決の主人公はお子さんです。親は先走らず、出過ぎないでください。弟や妹はお姉ちゃんのいないところでたくさん可愛がり、「最近お姉ちゃんは疲れているみたいだからそっとしておいてあげようね。お姉ちゃんはあなたたちが大好きだから、またいつか遊んでもらえるよ」と、お姉ちゃんを悪者や仲間はずれにしないように話します。並行して、家族は皆で楽しく過ごしてください。週末に親子一緒にホットケーキを焼く、家庭菜園で野菜を

作る、公園で遊ぶという何気ないことがいいですね。お姉ちゃんもその間はイライラしなくて済むし、自分の気持ちをご両親に話しやすくなることにもつながります。

学校に相談しづらい場合は「教育相談」のような機関にも相談できます。いじめがある場合には学校を一時期お休みしたり、お休みしている間の登校先（適応指導教室など）を確保する必要もあります。教育相談やスクールカウンセラー、スクールソーシャルワーカーなどは、状況を整理した上で対応策を一緒に考えます。（谷川由起子）

Q25 ふだん元気がなく、成績も落ちてきました

中学1年生になるわたしの息子は男の子らしくとても活発で、成績も上から数えたほうが早いくらいでしたが、最近は元気がなく、テストの結果すら見せてくれません。何か悩み事があるのではないかと思い、聞こうとすると自分の部屋に閉じこもってしまいます。主人が釣りやキャッチボールに誘ってもダメ。大好きなお寿司さえ外食は嫌がります。学校には行っているのですが、どうすれば胸のうちを話してくれるのでしょうか？

学校の話をしたがらない、登校を渋るようになる、食欲がなくなる、精神的に不安定で気分の浮き沈みが激しくなる、文房具がなくなる、体に傷を作って帰ってくる、などが家庭で見える「いじめの兆候」だと言われています。当てはまることがあると、心配で気になりますね。いじめの可能性があると想定したときに、大切なのは、家族は何があっても彼の味方で、彼の存在を肯定的に受け止めているという姿勢をとり続けることです。いじめの事実を親に言わない理由としては、心配をかけたくないということと、本人のプライドによって言えないケースが多いと思います。最近の態度を指摘したり、叱ったりすることで、本人が孤立したような気持ちにならないよ

う、配慮が必要です。その中で、本人から話してくれるような状況を作ることができると一番いいですね。そうならない場合は、まずは担任や養護の先生、スクールカウンセラーなど相談しやすい学校関係者に、学校での様子に注意を払ってもらうように話してみると良いと思います。

最近のいじめは巧妙で、大人が気付かないようなやり方も様々あり、学校の見解をそのまま受け取っても真実が出てこない可能性もあります。そこは、アンテナを高くして、しっかり見極めないといけません。

ただ、彼の最近の様子は、いじめとは関係なく、この年頃の子どもによく見られる変化であることも事実です。中学校に入ると、2学期以降は急に学習の内容が難しくなります。準備をしないでテストに臨むと、点数がとれないことは普通にあるでしょう。人間関係も小学校のときほど単純ではなくなり、集団内の力関係やバランスを意識するのもこの頃です。思春期の男子が家族と出かけたがらないことも見かたによっては正常な成長です。

子どもの成長にともなって、冷静かつ臨機応変に親の関わり方も変化させていくことが、様々なトラブルを大きくしない子育てにつながります。
（多良恵子）

Q26 子どもの部屋に買い与えていないおもちゃがありました

先日、息子の部屋を掃除していたら、見慣れないおもちゃがベッドの下から出てきました。夫に調べてもらうと、小学5年生の息子が自分のお小遣いで買えるような金額ではないこともわかりました。いまはまだ息子に聞いていませんが、いくつかの可能性が考えられます。ひとつは、万引き。もうひとつは、クラスの友だちにもらった。あるいは、無理に買わせた。いきなり問いつめるのもどうかと思います。さり気なく聞く方法はありますか？

子どもが何か悪いことをしてそれを隠している場合、子どもたちは自分自身の葛藤と現実との間で板挟みになっていることがあり、言動にそのサインが出ることもあります。お子さんは最近不満を漏らしたり、いらいらしたりなど、普段と変わった様子はありませんでしたか？ 5年生になったお子さんとは親子の会話が減りはじめ、いつも話しかける調子で「これ、どうしたの？」と聞いてみるのは、なんだか怖いですか？

　ある親御さんから同様のご相談を受けたときは、学校側が大掛かりな万引き事件を把握していて、その子はそれに巻き込まれた状態でした。先に学校から親に事情が知らされたために、ご両親はとてもショックを受けていました。そのお子さんは万引きをしたグループより学年が二つ下だったので悪いこととは知りながら、仲の良い友だちのお兄さんから誘われて断れなかったそうです。万引きしたおもちゃを家に持ち帰って自分の部屋に隠し、親には話せなかったのです。学校は学年を超えて先生方が協力をし、万引きに関しての指導をされ、親御さんたちと子どもたちがお店に謝罪に行って品物を返しました。お店も寛大な対応をしてくださいました。

　謝罪をした後もスクールソーシャルワーカーは、その子の支援を続け、警察署にある少年相談保護センターにつなげました。本人に万引きはいけない事と再確認してもらい、さらに断る勇気が大事であることを知ってもらいました。そのうえで、担任の先生や学年主任の先生にも協力をお願いし、悪い誘いの断り方の練習もしました。

　しかし、一方で何度も万引きを繰り返すお子さんにも出会いました。常習的な万引きは、専門的なケアが必要なこともあります。こうした時は警察関係のみならず、児童相談所や教育センター、必要に応じて医療につながるような専門的な見立てをしていただきながら、お子さんのケアやサポートをしていきます。（中條桂子）

Q27 「いじめ」があるはずなのに学校側は認めてくれません

小学3年生になる娘が学校から帰ってくるなり泣きはじめたので理由を聞くと、何人かの友だちにいじめられたと答えました。わたしは早速、担任に連絡を入れ、娘の話を伝えましたが、しばらくして「いじめはない」と言ってきました。娘がまた泣いて帰ってきたときも担任の答えはまったく同じでした。学校はいじめの事実を把握しながら隠しているのでしょうか？ それとも、いじめている子どもが嘘をついているのでしょうか？

お子さんが学校から泣いて帰ってきたら、保護者としてはとても心配ですよね。しかし、もしかしたら担任の先生が事実を隠していたり友だちが嘘をついている以前に、前提となる「いじめ」という事象への認識がそれぞれ異なっているのかもしれません。

そもそもいじめとはどのような事柄を指すのでしょうか。「いじめ防止対策推進法」によれば、お子さんに対する、お子さんと「一定の人間関係のある他の児童生徒」が行う「心理的または物理的な影響を与える行為（インターネットを通じて行われるものも含む）」によって、その行為の対象となったお子さんが「心身の苦痛を感じているもの」と定義されています。つまり適切に対応するためには、「いじめられた」と訴えてきた事象を、"本人がその行為によって不快・不安・嫌な思いをしている"として認識することからはじめる必要があります。しかし、担任の先生や友だちは、その行為が"意図的に意地悪をしたかどうか"に焦点が当てられており、お子さんの心情にまで思いを馳せることができていないのかもしれません。これでは話が平行線で、解決策を見出すことは難しくなります。

現在、各学校には相談体制の充実を図ることや、他職種を含めたいじめ防止対策のための組織を置くことが義務付けられています。つまり、これまで担任の先生がひとりですべて対応しがちだった「いじめ」という事象

に対して、より客観的で多角的な視点で双方の意見を踏まえて解決を模索することができるチャンスが増えたとみることができます。

　まずはお子さんが最も信頼して安心して話すことのできるご家族が、じっくりと本人に寄り添いながら、どのような行為があったのか、それに対してお子さんはどんな気持ちになってしまったのか、今後その友だちとどのような関係を築いていきたいのかといった具体的な内容を整理していきましょう。その事実と想いをもとに、再度、担任の先生や上述の組織などを活用して打開策を見出していってはいかがでしょうか。（宮地さつき）

Q28 「いじめ」の訴えは過剰反応なのではありませんか？

子どもはつまらないことでケンカをするものです。小学4年生になる息子がクラスのお友だちを叩いてしまったらしく、その両親から激しい抗議を受けました。あまりの権幕だったので、うちの息子には「あの子とは遊ばないように」と言ったところ、こんどは「お宅の子どもに無視されている」と怒鳴られました。担任の先生からは「ちょっとしたケンカ」だと仰っています。今後、親同士のケンカになってしまいそうで怖いです。

「いじめ」による悲しい事件があとを立ちません。「いじめ防止対策推進法」は、「『いじめ』は、いじめを受けた児童などの教育を受ける権利を著しく侵害し、その心身の健全な成長及び人格の形成に重大な影響を与えるのみならず、その生命又は身体に重大な危険を生じさせるおそれがあるものである」と、被害者の抱える問題の深刻さを述べています。

　では、「いじめ」とはどのようなもので、誰が判断するのでしょうか。Q27にも記されているように、「いじめ」の定義では、個々の行為が「いじめ」に当たるか否かは、いじめられたと感じる児童生徒の立場に立って判断するのです。

学校は「いじめ」としてとらえたら、ただちに組織対応をすることになっており、情報の共有を図るとともに、指導方針などについて検討し対処しようとするはずです。
　親は、自分の子どもがいじめられたら悲しく切なく腹立たしく、「いじめた」と言われたら申し訳なく辛い気持ちになります。とくに被害側の親に、強い怒りの感情がわき上がることもあります。相談者が心配されるように、親同士が感情を爆発させ、必要以上に子どもの気持ちをあおり立てることは、かえって子どもを不安にさせ、問題を複雑にさせる危険があります。このようなときこそ、わが子をしっかりと受け止め、学校と保護者が相談しながら冷静に適切に対処することが、被害側の子どもにも加害側の子どもにも必要です。なお、「あの子とは遊ばないように」は、「いじめ」をけしかける言葉です。大切なことは「子どもにとって安心で楽しい学校生活」であることを忘れてはならないと思います。（佐々木千里）

Q29 「いじめ」以外の理由でも学校に行かなくなることがありますか？

　小学6年生の娘が夏休み明けから学校へ行かなくなり、心配しています。学校側の話を信じるならば、いじめの問題はないようです。5年生までの成績は、学年でも1、2を競うほどでした。幼いころからピアノや英語を習わせ、体育の成績もけっして悪くありません。家事の手伝いはもちろん、弟の面倒もよく見てくれるよいお姉ちゃんです。いじめがほんとうになかったとするならば、不登校になる理由がまったく思いあたりません。

　何でもできて、優しくて、元気に学校生活を送っていた子どもが、急に学校に行けなくなるという状況は、まさに晴天の霹靂（へきれき）です。驚きとともに目の前が真っ暗になるような想いになられたのではないでしょうか。ご心痛、お察し申し上げます。

不登校の原因として、誰もが心配するのは、「いじめ」被害でしょう。しかし、「不登校」の背景や要因、また不登校の状態は実に多様です。ソーシャルワークでは「個人と環境との関係性」に着目し、人間の行動には必ず理由があると考えますが、そのとき、忘れてはならないのが子どもの発達段階です。小学校高学年は思春期の入り口です。

　思春期とは、心と身体が子どもから大人へ成長・発達するときの不安定な時期です。自分を客観視できるようにもなり、「私はどういう人間で、どのように生きていけばいいのだろう」など、自問自答するようになります。これまで真面目な「良い子」というイメージできた子どもは、「本当の自分はどんな人間なのだろう」と親や周囲からの期待の間で葛藤し息苦しさを感じているかもしれません。そして、優しく繊細な子どもほど、わけのわからないストレスを発散できず、思い悩む日々が続くかもしれません。また、欠席が続くうちに「登校しなくてはならない、勉強をしなくてはならない」と焦りが生じ、さらに自分を責めることもあり、中には「うつ病」へと発展していく子ども達もいると言われています。

　完璧な人間はいません。これまで全てにがんばってきた子どもの「疲れ」を理解し、「悩むわが子そのもの」を受け止め安心させてあげてください。わがままを言うかもしれません。今まで周囲が抱いていたイメージとは異なる姿を見せるかもしれません。でも、まちがいなく大事なわが子です。学校と子どもさんの「つながり方」については、学校の先生と常に相談しながら本人の体調と意欲に合わせて調整していくとよいと思います。

（佐々木千里）

Q30 子どもが理由もなく学校を休みがちです

うちの子どもは小学5年生の男子です。きょうだいはいません。小学校に入学してから4年生までは皆勤賞をとるほどだったのに、5年生になったとたん、休みがちになってしまいました。朝になるとお腹や頭が痛いと言って多いときは週に3回も休んでいます。医師の診察を受けても身体に異常はなく、お昼すぎにはテレビを見たり、ゲームで遊んだりしています。不登校の理由は何も言ってくれません。どうしてしまったのか心配です。

4年生くらいまでは、真面目に取り組んでさえいれば、勉強もスポーツも子どもたちの間で優劣がはっきりすることはそれほどないかと思います。ところが高学年になると、学習内容が急に難しくなり、スポーツも得意な子の能力の高さが目立つようになります。高度な内容の塾に通う子どもや、専門的なコーチについて運動をしている子どもも出てきます。また、友人関係についても幼い時期の単純なものではなくなります。多様な価値観が現れ、それまでの自分の考えとの違いに戸惑ったり、思春期の入り口でのイライラや反発を目の当たりにしたりすることもあるでしょう。リーダーシップや集団行動について意識させるような授業もはじまります。幼いタイプの子ほど、気づいたときには、周りの状況が変わっていた……ということが起きてしまうのが高学年です。

また、きょうだいがいると、家庭の中で得意、不得意に対して（いい意味で）開き直ることが出来る力や、複数の人間関係のバランスをとる力が自然と要求され、トレーニングの機会が多数ありますが、きょうだいがいないと、トレーニングの回数は必然的に少なくなってしまいます。

不登校の理由について、「わからない」「なんか、行きたくない」「行こうと思ったら、お腹が痛くなる」という子は多いです。いじめなど、明確な理由でない限り、5年生の子どもが、不登校になった自分の心の状態を

分析し、わかりやすく説明することは難しいと思います。理由を問いただしても、あまり解決にはつながらないと思われますし、こじらせてしまう可能性もあります。

本人の自信を喪失してしまっての不登校ならば、とりあえずは休息をしながら、無理のない登校のペースを作りましょう。少しずつ自信を取り戻せるような授業への参加の仕方を学校と相談されることをお勧めします。親はほかの子どもと比べるような評価はせずに、彼のなかでの成長や向上に注目して、自信につながるような事柄をほめてあげてほしいと思います。（多良恵子）

Q31 「なぜ学校に行かなければならないのか」と聞かれ、困っています

中学 1 年生の息子がいます。何かと理由をつけては学校を休むようになり、最近はまったく行かなくなってしまいました。担任の先生が家庭訪問に来てくれても息子は会おうとせず、母親のわたしが学校は大事だといくら言っても聞く耳をもちません。逆に「なぜ行く必要があるのか」と聞き返されてしまいます。口論になることさえ少なくありません。家では熱心に絵を描いていますが、こんなとき、親はどうすればよいのでしょうか？

A 一般的に不登校が回復していくには、概ね 8 つの段階を歩むと言われています。ここでは回復までの段階とその対応について考えていきましょう。

I 期（身体的愁訴）から II 期（合理化）は、本人も気づかなかった体の不調が心理的なものからきていることに周囲が少しずつ気づくと同時に、お子さん自身は登校できない理由は学校や友人にあると主張する段階です。まさに今回のご相談の時期にあたるでしょう。この時期は無理に学校に登校させようとしたり説得しようとせず、本人の主張をじっくり一緒に整理していく姿勢を示していくことが大切です。

III 期（不安・動揺）では、保護者が先の見通しを持てず、焦って子ども

第 2 章　いじめや不登校など——学校についての悩み　　53

を責めてしまうことにより、子ども自身がさらに不安定に陥ってしまう時期といえます。不安などは直接子どもにぶつけるのではなく、可能な限り第三者を活用することが望ましいでしょう。

Ⅳ期（絶望・閉じこもり）は、事態が悪化し、生活の乱れが顕著になる時期です。この時期の子どもは暴れたり甘えたりしながら、保護者がどこまで自分と真正面から向き合ってくれるのかを試している時期ともいえます。この時期にしっかり向き合うことでⅤ期への移行をスムーズにするかもしれません。

Ⅴ期（諦め・自己受容）は、良い意味で「長い付き合いになる」と周囲が覚悟を決めて接することで、本人も自分と向き合える時期になります。この時期の接し方としては、本人と過ごす時間を楽しみ、その思いを素直に伝えてあげることで、本人はより自己を客観的に受け止めることができるようになります。

その後も紆余曲折ありながら、Ⅵ期（回復）、Ⅶ期（学校復帰）、Ⅷ期（完全な回復）といった計8段階を歩むとされています。立ち止まっているように見える子どもも、確実に日々成長しているのです。その成長に、焦らずに寄り添い続けることができるかが、周囲の大人に問われているのではないでしょうか。（宮地さつき）

Q32 娘の暴力と甘えに向きあう方法を教えてください

娘は小学4年生になってから学校をよく休み、母親のわたしが理由を聞くと、大きな声で怒鳴ったり、物を投げてきたりします。担任の先生も思いあたる理由はないと言います。不安なのでカウンセラーを呼ぼうとしたところ、娘は激しく拒否して泣きわめきました。学校の話題になるといつもこうです。それでいて、夜はわたしのベッドに入り込み、いっしょに寝たいと言います。娘の暴力と甘えにどう向きあうべきなのかわかりません。

Q24にも書きましたが、お子さんはお母さんにやつあたりするしかなく、やつあたりと欠席で、さらに罪悪感を感じ自分を責めています。学校について話すのを拒否するのは、トラブルが発覚して心配をかけるのが嫌なのではないでしょうか。現在、お子さんは学校生活で何らかのつらいことや困ったことを抱えている可能性がありますが、今はそのこととどう折り合いをつけ、対処すればいいのかが見つからず、もがいている状態ではないかと思われます。相談するには子ども本人の心の準備が必要です。

　夜になると甘えてくるのは、傷つきすさんだ心の「ほころび」を直そうとしているのだと思います。心を袋に例えれば、子どもが安心して過ごし、自分を大切にするためには、心の袋が愛情で満たされていることが必要です。傷つきほころんでいる心は袋に穴が開いている状況で、穴の空いた袋をふくらめるためにたくさんの愛情が必要です。年齢不相応に子どもが親に甘えてくる時には思い切りかわいがり、誕生時の喜びや思い出などを話してください。「一緒に寝るなんておかしいよ」「昼間は散々悪態ついていたのに何よ」などという言葉は避けます。中学生以上の異性の子どもの場合には、布団を並べて寝てもいいです。思い出話をしながら入眠すると、親も子も元気になります。激しく反抗したり暴力をふるったりしてしまう一方で夜になると甘えてくることは、お子さんがお母さんのことを大好きなことの表れです。親の側は子どもの態度の豹変（ひょうへん）に困惑してしまうかもしれませんが、お子さんがお母さんの愛情をエネルギーにして、学校で起こっていることに対処する準備と勇気が整うまで、気長につきあってあげられるといいですね。しかし、受容しかねるほどの暴力の場合には「それはダメ」とシンプルに注意してください。「だいたいあなたは最近学校を休んでばかりで」など、他のことと結びつけずに、暴力だけを注意できるとよいと思います。

　お子さんのイライラの原因になっている何らかの問題に、お子さん自身が向き合っていく勇気のもとになるのが親の愛情だと考えてください。質問のケースでの「暴力」と「甘え」は表裏一体のものです。（谷川由起子）

Q33 不登校の息子に主人はまったく関心を持ってくれません

この1年のあいだに息子が学校へ行ったのは10回ほどです。不登校は小学5年生の頃からはじまっていましたが、仕事で忙しい夫はまったくと言っていいほど関心をもたず、息子と話すことさえ面倒に思っているようです。わたしや夫の両親は地方に住んでいて、「男親」のかわりになってくれるひとはおらず、学校へ行かない理由をわたしが聞くと、「お母さんが悪い」と言います。やはり「男親」にきつく叱ってもらうべきなのでしょうか？

　子どもの不登校は、親にとって大きな心配です。ご相談内容からは、「息子は不登校になっているのに、なんで私だけががんばらなくてはならないの？ しかも、息子は、私の苦労も理解せず、『お母さんが悪い』と言う。いったいどういうことなの？ それもこれも「男親」が不在だからに違いない。夫が厳しく叱ってくれないからだ。夫の責任だ」と、心の叫びが聞こえてくるようです。「夫と相談しながら協力しながら子育てを楽しむ、子どもは元気に学校に通う」という理想とは異なり、協力しない夫と、登校しない子どもへの苛立ち、そして何よりも「孤軍奮闘（こぐんふんとう）」の淋しさ。本当に辛い気持ちでおられると思います。

　一方で、子どもは親の気持ちや状況に敏感です。「お母さんが悪い」という言葉の裏には、何か息子さんの願いがあるのかもしれません。「学校に行かない」ことは、息子さんなりの意志表示かもしれません。少なくとも男親がきつく叱ることで改善するとは思えません。

　たしかに、いわゆる「母性」と「父性」は人の成長に必要とされ、母性的なものは、子どもを無条件に受け入れ愛すること、父性的なものは社会のルールや道徳心などを子どもに教えることだとされています。そして、女性にも男性にも、それぞれ母性的側面と父性的側面とがあり、母性的なものが先に伝わってこそ、父性的なものが伝わるとも言われています。

登校する・しないの話題ではなく、心穏やかにでも真剣に、息子さんの思いに向き合ってみませんか。そのような場面を重ねることが息子さんの安心につながると思います。そのためには、まず相談者に笑顔になってほしいのです。相談者は「独り」ではありません。周囲には息子さんのことを一緒に考えてくれる人たちがたくさんいますよ。学校の先生や相談機関の方はもちろん、同じような悩みを抱える方々の支え合いの場もあります。誰かとつながれたと感じたとき、部屋が少し明るく見えるかもしれません。（佐々木千里）

Q34 学校に行かない息子を溺愛する妻は「いい母親」なのでしょうか

息子は3人きょうだいの末っ子です。待望の男の子を授かり、父親のわたしより妻のほうが息子を溺愛しています。幼いころはそれでもよかったのですが、幼稚園や小学校をよく早退して帰ってきたことがあるらしく、高学年になってからは学校へほとんど行かなくなってしまいました。息子は泣き虫でクラスの子どもたちとあまりなじめていないようです。妻は転校させるべきだと言いますが、そんなことで問題が解決するとは思えません。

息子さんが不登校状態であることへの心配に加え、その打開策についてご夫婦間で意見が異なっておられるとのこと、複雑な胸中、お察しします。「泣き虫でクラスの子どもとあまりなじめていないよう」とのことから考えますと、息子さんは友だちづくりに苦手さを抱えて苦しんでいたのかもしれません。もしそうだとしたら、学校は集団行動の場ですので、さびしさや無力感などでつらい毎日を送っていたのかもしれません。今の状態はお子さんなりに頑張り抜いた上での限界という見方もできるのではないでしょうか。その場合は相談者の言われるとおり、転校という「場所」を変える方法では改善や解決にはつながりにくいとも考えられます。学校に行けなくなった

第2章　いじめや不登校など——学校についての悩み　57

のはどういう背景からなのか、息子さんは何に苦しんでいるのかを見つけていく必要があります。

　また、奥様が「溺愛している」とのことですが、小学校高学年といえば思春期の入口です。自立の準備段階として親を乗り越えていく時期に入る過程で、多くの場合「反抗」する形で親を乗り越えながら大人になっていくと言われています。しかし親と子どもの密着度が高いままですとその自立の機会が得られないままになってしまいかねません。まずはご夫婦が「両親」として、お子さんのことについてしっかり話していくことが大切です。親としてお子さんをどうとらえているのか、これからお子さんとどのように対話していくのか、そもそも奥様はなぜ溺愛するようになったのかなどを丁寧にみつめていくことが大切です。また、おふたりだけで話し合うのが難しい場合は、スクールカウンセラーやスクールソーシャルワーカーに相談していただくことも有効です。まずは、ご両親がお子さんの一番身近な応援団として、行動を共にすることから始めていくことをお勧めします。（安永千里）

Q35 不登校の娘がついに引きこもるようになってしまいました

　不登校は中学1年生のときからです。1日行って1週間休むというようなペースでどうにか通っていましたが、進級したあとは完全に不登校の状態です。担任の先生は、「しばらくそっとしておきましょう」と言っています。しかし、最近では自分の部屋に閉じこもり、ごはんもひとりで食べています。トイレやお風呂のとき以外、ほとんど顔を見せません。娘はお昼すぎに起きて朝方に寝る、という生活です。こんな娘の将来が心配です。

　「1日行って、1週間休む」ということから、娘さんはその1日をかなりがんばって過ごし、心身の疲れがたまってしまったのではないかと思われます。少し休ませてあげる

ことが必要です。しかし一方で、欠席が続くと学校に行かないことへの自
責の念が膨らんでいき、人の目や勉強が遅れていくことなどへの不安が大
きくなり、自尊感情も低下します。その悪循環が本人をさらに学校や社会
生活から遠ざけます。引きこもり経験をもつある青年は、「朝の登校風景
をカーテンの隙間からのぞいては自分を責めた。そのうち昼夜逆転し、心
配して泣く母親や無口になった父親を見るのが嫌で部屋に閉じこもり、わ
けもわからずイライラしてモノにあたっていた」と言っていました。彼の
部屋のドアがあくようになったのは、知人の勧めで母親が趣味を楽しむよ
うになり、居間から父親の穏やかな声が聞こえるようになった頃だそうで
す。彼は繊細で優しい性格でした。その後、彼は両親と相談のうえ、同じ
ような境遇の仲間や支援者と関わる中で、「僕はこれでいいんだ」と思え
たとき、前に進む気持ちが芽生えたそうです。

　引きこもりの要因や事情、引きこもりからの脱出のきっかけは様々です
が、本人は周囲が思っている以上に自分を責め、傷ついているかもしれな
いという想像力と、「大丈夫、あなたは、あなたらしくあればいい。安心
しなさい」という家族や周囲の包容力は必要だと思います。そのためには、
まず家族が支えられることが必要ではないでしょうか。

　そのうえで、気をつけなくてはならないことがあります。それは、幻聴
や妄想です。もし本人の様子にそういう症状を疑ったら、医療機関に相談
してください。本人にとっては、聞こえている声も見えている人も現実で
すので、受診させるのは簡単ではないかもしれませんが、周囲の協力を得
て、一日でも早く治療につなげることが大事です。（佐々木千里）

第 2 章　いじめや不登校など——学校についての悩み　　59

Q36 ようやく学校へ行きはじめましたがまだまだ不安です

1年間ほどまったく学校へ行かず、中学3年生になってまた少しずつ通えるようになり、息子自身も「大丈夫」と言っていますが、2週間に1度はとても疲れた表情で帰ってきます。するとその後の数日間は前と同じく学校へ行けなくなり、登校しても午前中で帰ってきてしまうような状態です。不登校のあいだは担任の先生とも相談のうえ、登校できるまでただ待つことにしていましたが、高校受験を控え、それでいいのか不安です。

中学校3年になり、進路選択を控えた息子さんは、とてもがんばっているのでしょう。高校受験については、親以上に本人が一番気にしていると思います。当然ですが、息子さんから見て、1年間の間に学校の様子は変わっています。新しいクラスの雰囲気、授業内容、友人関係すべてが違って見えると思います。体力も落ちているでしょう。「なんで休んでいたの？」と無邪気に聞いてくる子どももいるかもしれません。

最初は、学校生活に慣れていくためのリハビリ期間をもつことが必要ではないでしょうか。その時のメニューは本人が主体となって、親と学校の先生と一緒に1週間単位で計画します。例えば、登校再開後は、午前中だけの別室登校からスタートして、徐々に学校にいる時間を増やし、昼休みに友人たちと交流しながら慣れていき、学級に復帰するというプロセスをたどる場合もあります。最初からクラスに復帰することを本人が希望する場合は、「欠席の理由を聞かれたときの返答」を準備したうえで、最初は午前中で帰る、部活動はやらずに帰る、水曜日は休むなど、無理のないメニューを本人自身が考え、実行します。そのとき重要なことは、「今日は大丈夫」と思っても、計画通りにすることです。学校では関係する先生に周知してもらい、さりげなく目配り気配り声かけをしてもらいます。

子どもの登校再開は、親にとって嬉しさと不安が入り交じったもので

しょう。しかし、ここで過剰な期待をかけて無理をさせたり、必要以上に干渉したりしないようにすることが大切だと思います。子どもは、自分の気力・体力を考えたうえで、自分の決めた計画を遂行することで自信がついてくるでしょう。そして学校生活での友人や先生方とのつながりの中で自分のペースで回復していきます。親は、学校とつながりながら、子どもの話を聴いてください。目標となり得る具体的な進路先も本人主体で考えましょう。（佐々木千里）

Q37 不登校の生徒に担任は何をしてやればいいのでしょうか？

わたしは小学校で5年生のクラスを担任している教員です。生徒のひとりに不登校の男子がいます。2か月ほど前から授業中に腹痛などを訴えることが多くなり、しばらくすると学校に来なくなりました。わたしはできるだけ家庭訪問に行っています。保護者への電話は毎日です。本人と話せていないので手紙を書いていますが、クラスメイトにも手紙を書かせ、学校へ来るようもっと頻繁にうながしていくべきなのでしょうか？

クラスの生徒さんが不登校状態であるとのこと、担任としてはさぞかしご心配なことだとお察しします。不登校は多くの場合、本人要因や環境要因などいろいろなものが絡み合っていることが少なくありません。なぜ学校に行けなくなったのか、どんなことが影響しあって今の状況になっているのかは、子ども一人ひとり異なりますので、支援の手立ても個別に丁寧に考えていく必要があります。ここはまず、先生ひとりで抱えずにスクールソーシャルワーカーやスクールカウンセラーといった専門職とともに、現状や支援方法を整理し直してみることをお勧めいたします。といいますのも、欠席直前の生徒さんは「授業中に腹痛を訴えていた」とのこと。学力面、授業者との関係、クラスでの人間関係など、複数の要因が想定できます。4年

生までの本人の様子や、5年生になって変化した点、交遊関係などの情報を収集し、どんなことが要因として考えられるか、そしてどんな働きかけをしていけばよいか再検討していく必要があります。

　家庭訪問に行かれても残念ながら生徒さんとは会えないとのこと。不登校状態が本人にとっても辛く苦しくのしかかっており、今はその混乱に向き合うのに精いっぱいなのかもしれません。そういう状態で頻繁に働きかけを行うことは、かえって生徒さんを追い詰めてしまう結果になりかねません。家庭訪問は基本的には継続するにしても、回数については、いったん減らしてみてはいかがでしょうか。また、クラスメイトからの手紙や呼びかけについても慎重に考える必要があります。友だちから忘れられていないと感じることは嬉しいかもしれませんが、一方で呼びかけに応じられない自分を責めてしまうことも考えられます。まずはこの生徒さんの置かれている状況や心理面などをスクールカウンセラーやスクールソーシャルワーカーとともに検討し、その上で支援策を再構築していくことが重要だと考えます。（安永千里）

Q38 ほかの学校への転校は不登校の解消につながりますか？

中学2年生の息子が学校へ行かなくなってからすでに1年。いじめはなく、精神的な病気かもしれないと思って病院に連れていきましたが、心身ともに問題はありません。不登校になりはじめたころにくらべれば食欲も戻り、家ではわりとふつうにすごしています。学校のことを話すと怒りだすのであまり触れないようにしているのですが、本人は高校にすすみたいと言っています。転校をさせてしまったほうが息子のためになりますか？

今は食欲も戻り、家では普通にすごせていらっしゃるとのこと、ご両親がお子さんの心情を尊重し、急いたりせずに寄り添って来られたことで、今の落ち着いた状態まで回

復されたのではないかと拝察いたします。お子さんは家庭での十分な休息でエネルギーを溜め、落ち着きを取り戻してこられたのではないでしょうか。ここまでとても良いサポートをされてきたと思います。

「学校の話題を出すと怒りだす」という点から、お子さんには不登校の要因や現状に何かしらの傷や不安があるようにも考えます。一方で、お子さんに高校進学の意思が出てきたことは「前進したい」という気持ちの芽生えであり、エネルギーがたまって余裕が生まれてきたからこそその変化ではないかと考えられます。

転校によって不登校が解消されるか否かは未知数です。心機一転で再スタートできるメリットもありますが、不登校になった要因が未解決ですと場所だけを変えても同様の状態となり、さらなる失敗体験となるおそれもあります。転校を1つの選択肢としてとりあげる際は、ご本人とよく話し合っていくことが大切です。それとともに、転校先に前もって事情を伝え、受け入れ体制を整えていただいておくなどの配慮が必要かと考えます。

息子さんの今の状態で大切なことは、早急な学校復帰を目指すことよりも、本人に芽生えた「進学」という希望を丁寧に扱ってあげるということではないでしょうか。進路選択・進路決定は、自分の生き方を決めていく重要な作業です。主体的に取り組んでいけるよう、そのプロセスに寄り添って一緒に考えていってあげることが重要です。先生に早めの進路ガイダンス面談を行ってもらってはいかがでしょうか。中2のうちに進路についてのイメージを持ち、3年生になったらいつごろどんな動きをすればよいかを学校・親・子の三者で確認しておくことで、3年生では早めの進路決定につながり、気持ちの上でも安定していけると考えます。（安永千里）

Q39 娘の手首に切り傷がたくさんあります

小学6年生の娘はいま、不登校の状態です。学校へ行かなくなって半年ほどになります。仲よくしていた女の子の友だちと口ゲンカになり、それがきっかけで無視されるようになったそうです。担任の先生に相談しても仲直りはかなわず、家にいるときはため息ばかりついています。いずれ元気になるだろうと見守ってきましたが、最近、娘はリストカットをはじめたらしく、手首にたくさんの傷があります。対処の仕方を教えてください。

お子さんの手首に傷を見つけたときのお気持ち、察するにあまりあります。

ある精神科の先生がリストカットを経験した若者へ聞き取りをしたら、約6割が「不快な感情を和らげるため」と、その目的を語っていたそうです。よく「リストカットは気をひくため」と言われがちですが、決してそうではありません。お子さんは、言葉にできないマイナス感情や不安を一時的に解消するためにリストカットをしているのかもしれません。ですから「やめなさい」と頭ごなしに言っても、そうした感情がなくならない限りやめられないし、むしろ反発してしまうかもしれません。とはいえ見守っていればいいというわけではありません。リストカットは、放っておくとエスカレートしていく傾向がありますし、傷の深さによっては、重い後遺症が残ります。お子さんの手首の傷を目の当りにしたら、混乱するお気持ちを抑えて、まずは手当をしていただきたいと思います。手当を通して「あなたのことが大切。だからこそ心配、大事な身体を傷つけないで」というメッセージがお子さんに伝わると思います。

そして、早急に、医療機関に相談してください。お子さんは、すぐには病院に行きたがらないかもしれません。その場合は相談者やご家族の方だけでも先に受診し、専門家に手立てを一緒に考えてもらいましょう。さら

に、ひとりで抱え込まず、地域の相談機関や学校の養護の先生、スクールカウンセラーなどに相談することをおすすめします。ご家族だけでなく、たくさんの人がお子さんを心配していることが伝わりますし、お子さんがSOSを発信できる場所が広がります。相談者のご了解があれば、それぞれの相談機関が情報を共有し連携して支援することも可能です。(菅江佳子)

Q40 「フリースクール」の選び方を教えてください

いじめが原因で中学2年生の息子を転校させました。しかし、移った先でもうまくなじめず、不登校がつづいています。できれば学校へ行ってほしいのですが、無理強いしても子どものこころに負担をかけるばかりです。息子本人は大学への進学を希望しており、定時制高校やフリースクールも視野に検討をはじめたところです。しかし、フリースクールにもいろいろあり、なかなか決定できません。何かよいアドバイスをお願いします。

フリースクールは、既存の学校とは異なり不登校の子どもを対象にした機関、施設の総称です。学習権の保障や安心して過ごせる居場所を提供する施設、フレネ教育やシュタイナー教育など教育法に基づく施設、サポート校などがあります。それぞれのフリースクールによって活動内容や規模がいろいろあって迷ってしまいますね。

そうした状況で1つのフリースクールを決めるためには、フリースクールに何を求めるか、自分の「ちょうど」を探すことです。そのためには、まず自分にとっての優先順位を決めましょう。安心して過ごせる居場所がほしいのか、いろいろな話ができる仲間がほしいのか、大学進学に向けて学力を身につけたいのか、遠足や農作業などいろいろ体験したいのか、フリースクールに求める項目の優先順位を挙げて検索し、良さそうな2、3か所にあたりをつけましょう。そして、それぞれから資料を取り寄せ、で

きれば実際に足を運び肌で感じ、実際に体験した上で決定することをお勧めします。また、学力を身につける目的で塾にも並行して通う方法も考えられます。

　一方で、通うことは思いのほか体力的にも精神的にも負担が大きいことがあります。そして、負担が大きいと長続きが難しくなり通えなくなることがあるので、その点においても「ちょうど」を見極める必要があります。

　また、高校にはいろいろな種類があります。さらに定時制高校も3部制や単位制や通信制などバリエーションが豊富です。4年間で卒業するのが一般的ですが、単位の取り方によって3年間で卒業することも可能です。そして、定時制課程から4年制大学、短大、専門学校に進学する生徒も増えています。各学校のパンフレットには進路先も掲載されているので参考になると思います。また、毎日通学することが前提の学校ですから、こちらも資料を取り寄せ、学校見学を通して自分にとって「ちょうど」かどうかを確認することをお勧めします。（竹村睦子）

第3章

虐待？ ネグレクト？
子育てについての悩み

Q41 虐待の件数が増えているのはなぜですか?

テレビや新聞で最近よく虐待のニュースを見かけます。わたしは小学校1年の子どもをもつ母親で34歳になりますが、わたしが子どものころはあまり聞かない話でした。親が子どもに暴力をふってしまうのは、こころに余裕がなくなってきているからだと思います。不景気やリストラ、共稼ぎ。さまざまな理由がありそうです。子どもですら幼いうちから習い事などでストレスを抱えていると聞きます。虐待が増えた理由を教えてください。

2017（平成29）年度全国の児童相談所での虐待対応件数は、133,778件（速報値）で過去最多となりました。10年前の2006（平成18）年度の37,323件と比して3倍強の増加です。特に心理的虐待対応件数は2015（平成27）年度38,524件、2016（平成28）年度54,813件と大幅に増えています。

虐待がこれほどまでに増加した背景には、社会構造の変化や家族機能の低下などさまざまな要因があると考えられます。離婚率の上昇、それに伴う実家や近隣などからのサポートが得られないひとり親の子育て、若年・高齢などリスクの高い出産の増加、予期せぬ、あるいは望まない妊娠、母子家庭の貧困状況などが、子育てのしにくさ、ひいては虐待の発生につながるのではないでしょうか。

他方、2004（平成16）年の児童虐待防止法改正において「DVの目撃」も心理的虐待にあたると定義され、DVで介入をした警察からの通告が増えたことや、同改正で「虐待を受けた児童」から「虐待を受けたと思われる児童」に通告対象が拡大され、「虐待でなかったらどうしよう？」と通告をためらっていた近隣住民の方や、保育園や学校、学童保育など子どもと関わる現場の方々が児相や関係機関への相談・通告を行いやすくなったことも件数増加の一因と考えられます。

いずれにしても、ここに示されている数字は児童相談所で対応した件数

ですから、通告に至らない、気づかれない虐待を想定すると、その数はさらに増えると思います。

痛ましい虐待が後を絶たない今日、防止のための取り組みも見直しが迫られています。たとえば、児童相談所と配偶者暴力相談機関や学校、保育所などとのより緊密な連携、虐待に関わる児童福祉専門職の大幅増員、リスクの見直しなどです。また、市区町村でも子育ての負担の軽減や孤立防止のために相談窓口を設けたり家庭訪問を実施したりしています。こうした取り組みと、子育て中の親子への地域の見守りや暖かいまなざしで、虐待をなくしていきたいものです。（菅江佳子）

Q42 どこまでが「しつけ」？ どこからが「虐待」？

子どもとはいえ、ある程度の年齢になれば好き嫌いがでてきて口答えさえあたりまえになってきます。イラッとするいっぽう、成長の証だと思えば嬉しくも感じますが、壁にクレヨンで落書きをしたり、ベランダの柵によじ登ろうとしてみたり。そんなとき、感情に任せてつい子どもを叩くのは虐待でしょうか。叩いてしまったあとで子どもから、「ママ、それってぎゃくたいだよ！」なんて言われてドキッとさせられたこともあります。

「しつけと虐待の境界線はどこにあるのでしょうか」子育て中の親御さんから、よくこんな質問を受けます。子どもをいい子に育てようと一生懸命になっても、全く言うことをきいてくれず、いつも怒鳴ってばかり。手を挙げてしまう……これって虐待なのだろうか。子育て中の方なら誰もが抱える悩みかもしれません。

しつけの定義はたくさんあります。ある心理学者は「子どもが自分で自分をコントロールできるようになること。自分の力で自分を整えるようになること」と言っています。自分で自分をコントロールするとはどういう

第3章　虐待？　ネグレクト？――子育てについての悩み　69

ことでしょうか。例えば、子どもがよその子のモノを欲しいと思った時、勝手に取ったりせず「貸してね」と伝えるなど、適切な行動をとれるようになることなども、その一つでしょう。こうした行動は、親や周囲の大人との肯定的な関わりによって獲得されるといわれています。親は、時として子どもの困った行動を、怒鳴ったり叩いたりして止めさせようとしがちですが、子どもにしてみれば、否定された思いや怖い気持ちだけが残り、親子の関係はむしろ悪くなります。子どもは、関係が悪い親のいうことは素直に聞こうとしなくなり、聞いたふりだけで同じことを繰り返し、また親に怒鳴られてしまう……。こうした悪循環の延長上に虐待は起こりえるとも考えられます。

　子どもは、親や周囲の人に認めてもらうことで、自己肯定感を高め、他人への思いやりを育み、親（大人）の言葉を受け入れられるようになるそうです。大人でも信頼できる人の言葉には素直になれると思いませんか。

　カッとなりそうになったら、深呼吸をする、数を数える、LINEをする、少しの時間、外に出る等々——。子育て中の親御さんから聞いた落ち着くための工夫です。子どもの叱り方で悩んでいる親御さん、感情を抑えるのは難しいことですが、ぜひ、こうした工夫を参考にしていただけたらと思います。（菅江佳子）

Q43 共働きで夜が遅いのもネグレクト（育児放棄）になりますか？

　小学3年生の娘がいます。最近はほとんど手がかからず、お金さえ渡しておけば自分で好きなものを買ってきて食べられるようになりました。夫婦共働きなので娘をあまりかまってやれず、夕食をひとりで食べさせてしまうことも少なくありません。遅く帰ったあとで娘の寝顔を見るような日々がつづくと罪悪感にさいなまれてしまいます。学校での出来事さえ十分に聞いてやれない家庭環境もやはりネグレクトのうちに入るのでしょうか？

A まずはお仕事が大変な中、よく子育てを頑張っていらっしゃると思います。きっとお子さんもご両親の背中を見ていらっしゃることでしょう。

ネグレクトとは、「児童の心身の正常な発達を妨げるような著しい減食又は長時間の放置」や「保護者としての監護を著しく怠ること」と定義をされています。具体的には、重大な病気になっても病院に連れて行かない、自分で身の回りのことができないような乳幼児を家に残したまま外出する、適切な食事を与えない、長時間不潔なままにしたり不潔な環境の中で生活をさせる、子どもを置き去りにするなどの行為を言います。このような定義やお子さんの年齢、親御さんの態度からみても、まずネグレクトという状況には至らないと思います。

しかし一方で、お子さんの気持ちはどうでしょうか。

小3ともなれば身の回りのこともある程度自分でできるようになり、ご両親の仕事が忙しい様子もわかるようになってくる時期です。ご両親も「これくらいならひとりでできるだろう」とつい頼ってしまうこともあるかもしれません。しかし、お子さんはまだ子どもであり、発達途上であり、寂しさや我慢している面は大なり小なりあることを忘れないでください。その気持ちは今後、異なる形で表出する可能性もあります。ネグレクトでなければこのままで良い、ということではありません。

では、時間をたくさん取れば良いのでしょうか。

たくさんの時間をお子さんに費やせなかったとしても、限られた時間の"質"を高めることは、可能ではないでしょうか。休みの日や朝の短い時間の過ごし方の工夫、たまに早く帰宅したときのコミュニケーションなど、ご家庭の中でどんなことなら無理なくできるでしょうか。大事なことはお子さん自身が、親御さんに見守ってもらえている、大事に思ってもらえていると肌で感じられているかどうかです。そして、ぜひ親御さん自身がお子さんと過ごす時間を楽しんでください。（宮地さつき）

---

1 スクールソーシャルワークとは？

2 いじめや不登校など

3 虐待？ネグレクト？

4 子どもと家族の貧困問題

5 発達障害・子どものこころと環境

第3章 虐待？　ネグレクト？——子育てについての悩み　　71

Q44 子どもとの口論も虐待のうちですか？

どこで覚えてくるのか小学4年生の息子が最近はずいぶん生意気なことを言うようになり、売り言葉に買い言葉で夫とよく口ゲンカをしています。夫の言葉遣いはけっして上品なほうではありません。カッとなると威圧的な声と態度で暴言を吐き、息子ばかりか仲裁に入ったわたしの人格まで否定してきます。夫に悪気はないらしく、口ゲンカのあとは実にあっさりしたものですが、これも虐待のうちに含まれると思えてなりません。

ご主人がお子さんと口論をしてカッとなった時の様子から、お母さんは精神的虐待を心配されているのですね。そもそも親子ゲンカは取るに足らないことからはじまると思いますが、家庭でのしつけが発端になることも多いのではないでしょうか。その際、子どもが素直に言うことを聞くかと思いきや、いつになく生意気な口をきいたり、反抗的な態度をとったりすると、親はついカッとなってしまい親子ゲンカになるのでしょう。その時親は自分の行動をしつけや教育だと思っていて、子どもに対して正しいことをしていると認識していると思います。ですから大きな声で怒鳴ったとしても、「非は子どもにある、自分はしつけのためにやっている」と思っているので、たとえ行き過ぎてもそれを自覚できないのでしょう。そのため、過ぎてしまえばあっさり忘れてしまうのかもしれません。

虐待を指摘された親御さんは、虐待ではなくしつけだとよく言われます。その時に注意していただきたいのは、子どもの態度についカッとなったとしても、しつけや教育で子どもに話す時には、「お前はだめなやつだ」というように相手の人格否定をするような言葉は言わない、さらに頭ごなしにしかりつけないということです。感情に任せてひどい言葉を浴びせたら、子どもはますます反発を覚えますが、一方で深く傷つきます。怒鳴られれば委縮するので怖さだけが伝わり、伝えたいことは伝わらないし、行

き過ぎた言動はもちろん虐待になります。また、子どもを前にして、仲裁に入ったお母さんに対する暴力・暴言も虐待とみなされます。

　子どもを自分より下に見て怒鳴り散らすのが、親の威厳を示す方法ではないことや、子どもの人権を正しくご主人に理解いただけるよう、子育ての本をリビングなどご主人の目につくところに置いてみたり、またご主人が信頼している第三者から、ご主人を責めるのではなく、一般論として話していただいたりするのも効果的だと思います。（中條桂子）

Q45 子どもに家事を手伝わせるのも虐待になりますか？

> わたしはフルタイムで働くシングルマザーです。残業や休日出勤でおろそかになりがちな掃除や洗濯は、小学4年生の娘に手伝わせ、夕飯の支度も娘と当番を決めているのですが、この話を職場の同僚に話すと、「それってもう手伝いの範囲を超えてるね」と言われました。親子で家事を分担しはじめたのは、この1年ほどのあいだです。気づけば娘の疲れた表情を見る機会も増えました。家事の分担や手伝いは、虐待にあたるといえますか？

　女性が働きながら子育てをするのはとても大変なことです。忙しい毎日、お子さんがお手伝いをしてくれたらとてもありがたいですね。お母さんは、お手伝いが虐待となるかどうかを心配されているようですが、虐待か否かのポイントとなるのは、子どもにお手伝いを無理やり押し付けているかどうかだと思います。本来子どもが親にしてもらいたいことを、子どもに全面的に任せているとすれば、子どもの視点から見なおしてみましょう。

　仕事で疲れて帰宅したとき、体力的にも精神的にも余裕はないだろう思いますが、時に、子どもと一緒にご飯を作ったり、洗濯物を干したりなさってみてはいかがでしょう。お互いに会話を楽しみながら行えば、面倒くさい家事の時間がお子さんとの大切な時間に変わるでしょう。

第3章　虐待？　ネグレクト？――子育てについての悩み　73

以前、ひとり親家庭で親御さんが病気がちのために、家事の一切をやっていた小学校低学年のお子さんの相談を受けたことがあります。その子はお母さんの病院の付き添いや、家の光熱費の支払いをするなど、家事をする中心的な存在でした（このようなお子さんをヤングケアラーと言うそうです）。いろいろとやっていて大変だなと感じましたが、子どもが自発的にやっていることをほめてあげたいとも思いました。

　子どもたちは大人が思っている以上にお母さんや、家の事情をわかっています。相談を受けたお子さんは、お母さんのことが心配のあまり学校に行けなくなりはじめたので、家事援助を受けるようにしました。お子さんが学校に行っている間、だれかがお母さんのそばにいてくれることで子どもに安心してもらい、お母さんと子どもの家事の負担軽減をめざしました。さらに学校にお願いをして、お互いに安心できるように、学校から子どもが定時に家に電話を入れることを許可していただきました。

　ひとり親家庭の家事代行などもありますので、無理をしないで地域の子育て支援窓口に相談するのもよいと思います。（中條桂子）

Q46 自分の子どもなのに まったく可愛いと思えません

　生まれて５か月になる子どもがいます。そろそろ離乳食にきりかえる時期ですが、母乳を与えていたころも含めて可愛いと思ったことが一度もありません。夫とは「できちゃった婚」で19歳のときに結婚しました。こっそり相談したママ友は、「言葉を話すようになれば可愛く思える」と言いますが、ほんとうでしょうか？　これからさらに大きくなってわたしを困らせるようになれば、いまの気もちがもっと強くなっていきそうな気がします。

A 自分の子どもが可愛いと思えないという気持ちは、人には打ち明けにくいものだと思います。よく勇気を出してママ友に相談されましたね。

　子どもに対するマイナス感情は他の人と共有しにくく、ひとりで抱えて「自分だけ？」と孤立感を深めてしまうこともあります。「自分の子どもが可愛いと思えない」と悩んでいる親御さんは、相談者の方だけではありません。今の時代の子育ては、SNSで情報は氾濫しているものの、実際には昔と違う困難さがあるのではないでしょうか。日常生活のなかで、身近に赤ちゃんと接したり、お世話をした経験がある妊婦さんは、今、どのくらいいるでしょうか。第一子の出産・子育ては親にとっても初めてのことばかり、まして、相談者の方のように「できちゃった婚」で心の準備ができていなければ、可愛いと思う心の余裕は生まれにくいかもしれません。

　ほかにもDV関係の相手との予期せぬ妊娠や、産後ウツ、心身の疾病、経済的な問題や家庭・夫婦不和、虐待を受けた経験、パートナーの子育てへの無理解など、さまざまな葛藤を抱えていると、子育ては決して楽ではありません。加えて、身近に子育てを手助けしてくれる存在がいなければ、その大変さは容易に想像できます。そうしたストレスは、ともすると小さい・弱いものに向きがちです。エスカレートすると虐待に発展しかねません。

　子育てのしんどさや子どもへのマイナス感情を批判しないで受け止め、抱えている問題を一緒に考え、時に、育児をサポートしてくれる存在が、親にも必要です。身近に頼れそうな方はいらっしゃいますか。もし、見当たらなければ、思い切ってお住まいの地域の子育て担当窓口に相談してみてはいかがでしょうか。保健師さんや専門のスタッフが悩みを聞き一緒に考えてくれますし、さまざまな情報も提供してくれます。必要に応じて、短時間子どもを預かる場所を利用し、ひとりになる時間を持つこともおすすめします。

　お子さんと少しの間でも離れることで、気持ちが切り替わることもありますよ。（菅江佳子）

第3章　虐待？　ネグレクト？――子育てについての悩み

Q47 子どもの将来を思ってのことなのに夫は賛成してくれません

小学1年生の息子にピアノを習わせようとしたら夫に反対されました。習い事が多すぎるというのがその理由です。うちの息子は幼稚園のころからすでに英会話、習字、水泳などの教室に通っていますが、音楽系がなかったのでどうしてもやらせたいと思っています。これといった特技もないくせに、夫は「伸びのび育てたい」なんてのんきなことを言っています。厳しい競争社会を生き抜いていくためには遊んでいる暇なんかないはずです。

　子どもの中に眠っている才能があるなら、それを発揮できる環境を整えてやりたいと思うのは自然な親心だと思います。お子さんが面白い、楽しい、と思えるようなものと出会える手助けができるのは、親としても嬉しく、幸せなことですね。

　このご質問で、気になるのはお子さんの気持ちが不明な点です。お子さんの好きなこと、得意なことは何なのか、多くの習い事を楽しくこなしているのか、大変だけど、お母さんの期待に応えようと頑張っているのかなど、習い事とお子さんとの関係を客観的に見ることができていますか。

　また、楽器を習う場合、自宅での練習にも時間が必要となります。4つの習い事とその練習が、小学1年生の子どもにとって「弊害」とならない線引きをきちんと意識することは、とても重要です。教育熱心な家庭のもと、多くの課題をこなす大変さと親の期待に応えようというプレッシャーから、子どもがうつ症状となる事例もあります。

　もう一つ気になる点は、ご夫婦の意見が一致してないことです。子育てに関する考えをなにもかもすべて、一致させることは難しいと思いますが、大きな方向性まで違っていると、家庭の中で事あるごとに反発が生じます。夫婦間の意見の食い違いは、子どもにとってみれば家庭の中に矛盾を抱えることになりますので、戸惑いやストレスの素になっていくでしょう。

ご主人のおっしゃっている「伸びのび」にも大事な意味があります。じっくりとした遊びの中から得られる知恵や、友だちとの関係によって磨かれるコミュニケーション能力は、子ども時代だからこそ、身に付きやすいものでしょう。

　お子さんに何を習わせたいか、というよりも、どんな人になって欲しいか、という視点に立って、もう一度ご夫婦で話してみてはどうでしょう。お互いの意見に耳を傾け、妥協点を探り、方向だけでも一致していることが、お子さんの力が伸びる何よりの環境だと思います。（多良恵子）

Q48 わが子を虐待してしまう親の気持ちが理解できません

　母親にとって子どもは自分のお腹を痛めて産んだ大切な存在です。幸いうちの夫は子煩悩で面倒見がよく、どんなに疲れて帰ってきてもちゃんと子どもの相手をしてくれます。しかし、子どもを虐待する親がいることもまた事実。むかしは、継父や継母が子どもをいじめていたなんていう話もありますが、ふつうに見える家庭でも虐待は行われているみたいです。どういう親がどんな理由で虐待をはじめるようになってしまうのでしょうか。

　小さい頃から多動ぎみだったＡくんは小学校に入学後も、授業中は立ち歩き、クラスメートに乱暴なことをします。そのためトラブルが絶えず、学校から度々注意を受けています。家庭でも落ち着かず、母親への暴言暴力で、母親とＡくんは毎日格闘の日々です。母親は何度注意しても同じことを繰り返すＡくんの子育てに疲れ果て、寝込んでしまうようになりました。夫のDVから逃れ、女手一つで頑張ってきた母親でしたが、もともとあったうつ症状も悪化し、「なんで、こんなに言ってもわからないの！」とＡくんを叩くことが普通になってしまいました。

　虐待にいたる理由は、子どもへの関わりに余裕がもてない状況が入り口

第3章　虐待？　ネグレクト？——子育てについての悩み　　77

となっていることが多いです。ここに挙げたのは、発達に偏りのある子どもの母親が、育てにくさに疲弊し、追い詰められて虐待に至ったケースです。子どもの障害や特性は子ども側のリスク要因としてたいへん多いといわれています。

　また、親側のリスク要因として、親自身が虐待を受けるなど不安定な状況の中で育ったために家庭内に基本的な安定感を形成できず、要求どおりの行動を子どもがしないことにいらだち、暴力をふるうということがあります。また、体罰を有効なしつけの手段だと思い込んで、繰り返すパターンも後を絶ちません。

　環境的な要因としては経済的な問題もあるでしょう。金銭的に余裕のない生活環境の中での疲労感や、先行きの不安からのイライラが子どもに向けられることがあります。他には子育てを分かち合う相手がいないひとり親家庭、夫婦の不仲や家族の社会的孤立などがあげられます。

　事例のように親の心身の健康に支障が出ていると、さらに追い詰められて悪循環となってしまいます。より重度の精神疾患やアルコール依存などに陥る可能性も低くありません。そうなってしまうと、正常な判断をしながら子育てを続けることが難しくなり、虐待という現象が起こる確率がさらに高くなります。（多良恵子）

Q49 いつも挨拶してくれる子どもがなんだかしょんぼりしています

　5年前に定年退職したわたしはボランティアで通学路の交通誘導員をしています。元気に挨拶してくれる子どもたちを見ていると、こちらまで元気になってくるから不思議です。ただ、小学生のある男の子にかぎっては、この2週間ほどまったく元気がありません。お身内にご不幸があったという話は聞かず、あくまでご近所の情報ですが、ご両親が離婚なさったというわけもないようです。こうしたときはどうしてあげたらいいのでしょうか？

ふだん身近にいるからこそ子どもの変化に気づくことがあります。そして、その変化は、なかなか自分からは声をあげられない子どもの困難な状況につながっていることもあるので、とても重要な気づきをしていただいたと思います。仮に何でもなかったとしても、それはそれで何でもないことが確認をできてよかったのです。しかし、何でもないと確認できるまでは、何かあるかもしれない状況です。そして、その何かは、放置すれば子どもにとっていのちに関わるような緊急事態かもしれません。

「何かあるかもしれない」という視点をもって、できる限り「しょんぼり」の原因を確認していただけたらと思います。方法としては、感じた方が何気なく本人に声をかけ、何でもない会話から状況を把握することが一番いいのですが、それまでの関係性によっては逆に子どもを警戒させてしまうこともありますので無理は禁物です。

次の方法としては、普段から子どもと親密な関係にある人に情報提供して、その方に確認していただく方法があると思います。この場合、家庭の問題の可能性があるので家族の方は避け、学校の管理職に相談することが適当と思われます。その時、「交通指導員をしている者です。2週間ほど前から気になっている子どもについて情報提供したい」と率直に切り出してみてはいかがでしょう。情報提供された学校は、変化や原因を把握しすでに対応をはじめている場合もありますが、それはそれでいいのです。学校以外にも子どもを見守ってくれているおとなの存在は心強いと感じると思います。そして、まだその変化を把握していなかった場合、この情報提供は学校として対応する大切なきっかけになります。

子どもの行動にはそれなりの理由があり、変化にもそれなりの理由や原因があると思います。変化を見逃さず、注意深く見守り、早期に適切な対応をすることは、子どものいのちを守る上で非常に大事なことです。（竹村睦子）

Q50 近所の子どもが大きな声で泣いています。どうすれば？

夜になると決まった方角から子どもの泣き叫ぶ声が聞こえてきます。家のなかにいても聞こえてくるほどの声なので、ちょっと心配しています。その子はうちの子どもと同じ小学2年。男の子です。子どもが虐待を受けているのであれば、早く助けてあげたいとも思うのですが、近所だからといってよけいな口をはさんでもあまり効果があるとは思えません。だれが告げ口したのかわからないようにもしたいです。どうすればいいでしょう？

夜になると決まった方角から泣き叫ぶ声は、虐待の確証がなくてもその子どもにとっては困った状況、支援が必要な子どもであることは間違いありません。また、児童虐待防止法改正法（2004〔平成16〕年）によって、通告の対象が「児童虐待を受けた児童」から「児童虐待を受けたと思われる児童」に拡大されました。発見が早ければ助かるいのちがあります。とはいえ、近所だからこそ通報についていろいろ心配されるお気持ちも理解できます。

こうした場合に活用したいのが、全国共通の電話番号「189（イチハヤク）」です。これは、虐待が疑われる場合の相談先として開設されており、電話は最寄りの児童相談所につながり、基本的に匿名としています。また、児童相談所への通告であっても、「匿名」で行うことも可能です。「児童相談所等は当該通告した者を特定させるものを漏らしてはならない」と法律で規定しています。

一方、警察では、子どものSOSを見逃さないために、近所の交番、警察署に、緊急の場合は110番へ情報提供してほしいとしています。そして、寄せられた情報は、警察から児童相談所に通告されます。また、警察は、児童相談所長などの援助の要請を受け児童相談所長などと事前協議を行い、事案に即した適切な援助を行います。一方で、刑事犯罪に該当する場合や事件として立件できると判断される場合は、殺人、傷害致死、傷害、暴行

などの容疑で保護者を逮捕します。

　また、「地域の専門家」である民生児童委員や主任児童委員がお知り合いにいれば相談してみることも一つの方法です。特に主任児童委員は、子どもの問題に特化して学校や関係機関と連携して対応にあたってくれます。

　しかしながら、子どもにとっての希望は、保護者から離されることではなく、できれば保護者のもとで安全・安心・安定した生活を送ることだと思います。私たちおとなは、保護者が適切に養育できるようサポートすることが求められると思います。（竹村睦子）

Q51 ずいぶん汚い身なりをした子どもが近所にいます

　最近わたしたちの町に引っ越してきたご家族の話です。ご近所への挨拶はなく、自治会費を徴収に行ってもご夫婦にはなかなか会えないのだそうです。小学２年生の息子さんは毎朝ちゃんと学校へ出かけて行きますが、遠くから見てもようすのおかしさに気づきます。着ているＴシャツはシミだらけ。左右の靴下が違うときさえあります。仕事のせいで子どもの服装にまで気を配れていないのかもしれませんが、育児放棄だとしたら心配です。

　子どもの身なりは、子どもの養育環境や生活環境をとらえるための重要な情報です。服の汚れや季節に合っていない服装、同じ服をずっと着ている、入浴していないなどの様子は、子どもが何らかの支援を必要としていることに気づくきっかけになります。子どもの身なりが適切でないことは、育児放棄（ネグレクト）を含めた虐待が疑われるサインとなる場合もあり、周りの大人がこのサインに気づくことが虐待の早期対応や必要な支援につながる第一歩となることがあります。

　一方で、はじめから虐待やきちんと養育ができていないと決めつけて関わることは、子どもや家族を地域から孤立させてしまう危険性があります。

いきなり「もっと服装のことを気にかけてあげてください」などと伝えることで、保護者は「誰も私たちの大変さをわかってくれない」と周囲に心を閉ざしてしまうかもしれません。またそのことで、子どもにきつくあたることがあるかもしれません。相談者がご指摘のように、保護者が仕事の忙しさから子どもの服装に気を配れていないのかもしれませんし、本人や保護者が無頓着な性格なのかもしれません。経済的に厳しく、適切な服を用立てできない可能性もあります。子どもや家族を追い詰めることなく、その家庭の状況にあったサポートを考えていく必要があります。

　幸いこの子は毎朝学校に出かけていくということですので、まずは自治会や地域の方と一緒に、地域の児童委員や学校などにも相談しながら、この子どもと家庭を見守り、関わりをもてるような声かけ、働きかけができるとよいのではないでしょうか。実は保護者も困っていたという場合もあります。また、学校も同じようにこの子のことを心配しているかもしれませんし、すでに何かしらの対応をしているかもしれません。地域の中で気づいたことを学校とも共有して、地域と学校が協力して子どもが安心・安全に暮らせるように、ともに関わっていくことは、子どもを守るために必要なとりくみです。（福間麻紀）

Q52 とてもおびえたような子どもを近くの公園で見かけます

　あたりがすっかり暗くなるまで公園にいる男の子をよく見かけます。いつもひとりで年齢は5歳ぐらいだと思います。迷子ではなく、近所に住む子どもです。最初のうちは顔を見たとたんに走り去り、そのまま家に帰ったと思っていたのですが、顔見知りになったあとはじっとこちらを見返してくるようになりました。とてもおびえているらしく、声をかけるとやはり逃げて行ってしまいます。この子が親から虐待されている可能性はありますか？

最初に、こうした近所の方の気づきが虐待の早期発見につながることを確認したいと思います。この子どもが虐待を受けていると断定はできませんが、すっかり暗くなるまで公園に5歳くらいの子どもがひとりでいること自体気になります。また、虐待とはいえなくても、子どもにとって不適切な養育環境であれば、支援を必要としている子どもと考えられます。昼間の時間帯をどのように過ごしているのかも把握したいところです。

　虐待されている疑いのある子どもの特徴として、「①子どもの泣き叫ぶ声が頻繁に聞こえる。②不自然な外傷（あざ、打撲、やけどなど）が見られる。③平日など学校にいる時間帯に、公園や店などにひとりでいる。④極端に粗末な衣服を着ている。冬などでは、寒い日にも薄着でいる。⑤食事に異常な執着を示す。⑥夜遅くまで遊んでいたり、コンビニなどで本を読んでいる。⑦理由もなく、保育園や学校を休みがちである。⑧不自然な痣（あざ）、やけどなどが見られる」と東京都児童相談センター・児童相談所は挙げています。その他、無気力・無反応・無表情、身体に触れようとすると身構えたり、嫌がるなどの行動が見られることがあります。

　本来ならば子どもとの関わりの中で確認し、子どもから直接話を聞くことができればと思います。しかし子どもからSOSを発信することはいろいろな面で難しく、少なくとも子どもが目の前のおとなを信頼できると感じることが必要になります。虐待であれば対応を急ぎたい所ですが、せっかく顔見知りの関係性があるのに、性急に近づき過ぎて子どもの心が閉じてしまっては元も子もありません。

　加えて見守るおとなを広げることも大切です。近所に住んでいるとわかっていれば、警察、お知り合いの主任児童委員、民生児童委員に相談してみてはいかがでしょう。見守るおとなが増えれば、それだけ子どもに関する情報は増え、対応がいろいろ考えられるようになります。（竹村睦子）

第3章　虐待？　ネグレクト？——子育てについての悩み　83

Q53 お隣のご主人が毎晩のように飲んで騒ぎます。子どもは大丈夫？

お隣のお宅にはまだ若いご夫婦と小学２年生のお子さんがいます。お酒が好きなご主人であることは前から近所の噂になっていましたが、ときどき奥さんやお子さんを怒鳴り飛ばす声が聞こえてきます。奥さんがお子さんを抱いて家から出ていく姿を見かけたことも１回だけではありません。もしもDV（ドメスティックバイオレンス）や児童虐待なのであれば、やはり手を差し伸べてあげるべきですか？ 何より近所迷惑をどうにかしたいです。

お隣から聞こえてくるご主人の怒鳴り飛ばす声に、奥さんや子どものことを心配していらっしゃるのですね。奥さんが子どもを抱いて家から出て行くことも度々あるということで、家の中で何が起きているのか非常に気になります。ぜひ手を差し伸べていただきたいと思います。こうしたご近所の気づきが虐待の早期発見につながり、子どもを不適切な環境から救い出すことができます。「虐待ではないかもしれない」「恨まれたり、責任を問われるのではないか」という気持ちもあるかと思いますが、ここは子どものために勇気を出して関係機関に通告・相談をしていただきたいと思います。

関係機関には、児童相談所、子ども家庭支援センター、警察などがあります。また、「児童相談所全国共通ダイヤル、189（イチハヤク）」にかけるとすぐに近くの児童相談所につながり専門家が対応してくれます。

さらに、子どもや奥さんの日常の行動は対応を考える上で貴重な情報になりますので、できる範囲で気に留め、見守り、簡単なメモに書き留めていただけるとよいと思います。

また、近所迷惑を理由に、ご自分だけで直接行動を起こすことは避けてください。むしろ、隣の家族と顔を合わせたら普段通りにあいさつを交わし、奥さんとの何気ない立ち話や子どもへの声かけなど、日常生活の中で自然な形で行い、奥さんや子どもとの関係性を築いていただければと思い

ます。もしかすると、なじみの関係になった頃、奥さんから相談を受けたり、子どもから虐待されているなどの話を聞くかもしれません。そうした場合には、できるだけ早く、関係機関に相談するよう勧めていただきたいと思います。子どもの場合は、学校の先生が相談しやすいかもしれません。スムーズに事が運ぶための配慮が必要です。そのためにも、相談を勧めたことをあなたが相談した窓口に事前に連絡しておくと良いでしょう。何より大切な事は、家族を孤立させないことです。(竹村睦子)

Q54 子どもを置いての頻繁な外出は虐待ですか？

ある若い夫婦のことが町内会で噂になりました。その夫婦には4歳と2歳の子どもがいるらしく、家族4人で暮らしています。共働きの夫婦なのに子どもを保育所や幼稚園に預けているようすはなく、休日も夫婦ふたりだけでどこかへ出かけ、夜にならないと帰ってこないという話でした。保育所の数が足りないといわれるなか、若い夫婦にとっては何かとたいへんな面もあるでしょう。しかし、このまま放っておくというわけにもいきません。

子どもたちにいつ何が起こってもおかしくない育児放棄、緊急に対応するべきケースです。まずは一刻も早く児童相談所に通告し、関係機関が動き出すのを待ちましょう。そして、みんなで分担して一定の距離から家族の様子を見守りましょう。ここでは、独りよがりの性急な行動をしないこと、親を責めるような行動はつつしむべきです。親を追いつめ孤立させることは、子どもたちの安全確保の点で非常に危険です。むしろ親の味方となり、子育てを応援する存在として親に受け入れられることを考えましょう。

そのためにすぐにできる方法として、朝晩見かけたらあいさつし、だんだん顔見知り、顔なじみと関係を育てていきましょう。繰り返すうちに立ち話ができる関係になったら、親の方から子育てや生活で困っていること

を話してくれるかもしれません。その場合は、困っていることを解決するための具体的な方法を一緒に考え、適切な機関や人につなぎましょう。

一方で、両親が共働きなので、子どもたちが安全・安心・安定した生活を過ごせるように、ふたりとも保育園に預けることが先決です。どうしてそれができなかったのか、もしかするとそうした手続きが苦手な方たちかもしれません。そうであれば、手続きの窓口に一緒についていく支援者が必要です。親の苦手とする分野は、誰かが手を差し伸べ手助けすれば解決することがほとんどです。しかし、他人の世話になりたくない、他人を家の中に入れたくないと思っている方もいらっしゃいます。こうした気持ちを超えて支援を受け入れるためには、「この人が言うなら、この人が勧めるならやってみようかな」という気持ちにさせる信頼できる人が必要です。以前、若くして親となり孤立して子育てに困っている母親と出会い、近所に暮らす子育ての経験のあるひとり暮らしの女性を紹介したところ、仲良くお互いに助け合う関係になり、母親は安心して子育てができるようになりました。(竹村睦子)

Q55 性的な虐待の被害を第三者が見つけることはできますか？

娘をもつ親として女児への暴行だけは絶対に許せません。最近も性的な目的で女の子を連れ去った事件がありました。ましてや、親が自分の子どもに虐待をくわえることなどあってはならない話です。しかし、不審者情報ならば近所でも共有できますが、家庭内の問題だとさすがに察知できません。すでにこころあたりがあるというわけではないにせよ、近所の人たちでも気づける性的虐待のポイントやその対処法もあわせて教えてください。

性的虐待をご近所の方が見つけることは非常に困難です。性的虐待は被害者である子どもに対して加害者が「ふたりだけの秘密」「大好きだからだよ」「誰かに話すと一緒に暮

らせなくなる」「どこのおうちでも同じ」などと言い、思い込ませていくため、最も発見が難しい虐待です。男児が被害を受けた場合や、同性による性的虐待の場合には一層発見が難しくなります。被害者が「恥」だと強く感じて隠してしまうからです。

全国の性的虐待の対応件数は1,540件で虐待全体の1.2%、前年比82件減でした（厚生労働省「平成29年度 児童相談所での児童虐待相談対応件数〈速報値〉」）。しかしこれは「氷山の一角」で、実際の被害がこの何倍あるのかは誰も知ることができません。

「東京都児童相談所平成29年度事業概要」によると、性的虐待の被害者のうち、0〜5歳は約8%、6〜12歳は約41%、13〜15歳は約28%、16〜18歳は約23%です。

2018（平成30）年3月発表の「神奈川県児童相談所における性的虐待調査報告書（第4回）」（以下、同報告書より引用）によると、「主たる虐待者」は実父が約35%、養父（＝母の再婚相手で、子と養子縁組したもの）が約17%、継父（母の再婚相手）が約8%、内夫（＝母の内縁の夫）が約16%、実母が約3%、兄が約13%となっています。「発見の経緯」は「子どもの告白」が約60%、「家族が目撃」が約21%、「家族等が子どもの様子から疑う」が約3%、「きょうだいへの性的虐待の発覚」が7%です。被害者自身が声をあげない限り、発覚しづらいのが性的虐待だと言えます。「虐待が始まってから受理までの期間」は、「1年以上」が56%、5年以上被害が続いていた事例も14%ありました。性的虐待の「初発年齢」と「（児童相談所の）受理年齢」の比較では、発見が、虐待開始年齢に対して3〜4年も遅れています。これは性的虐待の発見の難しさを裏づけるものであり、また、社会が性的虐待を早期発見する目をまだ十分持っていないことを示唆するものであると指摘しています。未就学年齢での性的虐待被害の発見は「偶然、家族が目撃した」「被害を受けた直後に、偶然、子どもが言葉にできた」等、「偶然」がきっかけで発見に至ることが多いとも報告されています。それに対し、学齢期からは被害を受けた子どもが「告白をためらう」「口止めされる」等の理由で告白が遅れ、「初発年齢」と「受理

年齢」の開きが拡大することもわかっています。

　性的虐待への憤りをもつ方の存在は頼もしいですね。性的虐待を第三者が発見するのは難しくても、できることはあります。日頃からの子どもへの声かけです。「人に相談してもいいんだ」「信頼できる大人がいる」「困った時には助けを求めていいんだ」という安心感を子どもが感じられる地域になるといいと思います。（谷川由起子）

Q56 とても礼儀正しいお子さんですが、ちょっとおかしくないですか？

　小学校にあがったばかりの息子が早くも新しいお友だちをわが家へ連れてくるようになりました。うちの息子ならば脱ぎっぱなしにしてしまう靴を玄関で丁寧にそろえ、おやつをだしてあげると、ちゃんとお礼を言ってからお行儀よく食べはじめるお子さんです。わたしに対する受け答えも実に立派なものでした。これが高校生ぐらいの子どもならば不自然など感じなかったと思います。あまりに厳しいしつけは、虐待を疑ってみるべきですか？

　小学1年生で、靴をきちんとそろえることができたり、お礼を言ってからおやつを食べるなどは、日頃やっていないと身につかないことですね。もしかしたら、小学校にあがる前から親御さんの友人宅に一緒に訪問する機会が多いなど、生活経験の豊かさによって身についたのかもしれません。また直接教えなくても、親御さんの様子を見て真似をしている間に習慣化するということもあるでしょう。

　しつけとは、子どもが基本的な安心感・安全感を感じている人間関係の中で、一貫した対応によって行われるものです。つまり、この行為をしたときには叱られたり、別の行為をすれば褒められたりすることで、少しずつ自身の行為と養育者からの反応が関連していることを感じ取り、学び取っ

ていくことを指します。上記のような場面だけ見れば、早くに適切なしつけがなされた結果とみることもできます。

しかし一方で、ご心配のように、そのような行動が親子の良好なコミュニケーションの上に成り立つものではなく、一方的な厳しい叱責や暴力が伴う場合、さらには、大人側の気分や気まぐれによる一貫性のない反応などによって身についている可能性もあります。そのような場合に多くの子どもたちは、大人の顔色をうかがったり、ビクビクした言動が見られるなど、不自然な反応が伴います。また褒められ慣れていないために、優しい言葉にどのような反応をして良いかわからずに硬直してしまったり、パニックになってしまう子もいます。また、関係性のできていない人間との距離感が近すぎたり不適切に甘えてきたり、逆に距離を置きすぎたりむやみに反抗的な態度をとるなど、年齢にそぐわないいくつもの言動が見られる場合には虐待の兆候が疑われるかもしれません。

大切なことは、お子さんのことを包括的に観察することであり、一側面のみで子どもや保護者を判断することは危険です。私たち周囲の大人は、Q49、50、52のように日常を支えていくことも必要です。（宮地さつき）

Q57 攻撃性の強い子どもは虐待を受けている可能性がありますか？

キッズスペースがある飲食店でママ友たちとランチを食べに行ったとき、仲よく遊んでいた子どもたちのところへ見ず知らずの女の子が割り込んできて、いきなり息子の頭を叩きました。年齢は4歳の息子と同じぐらいだったと思います。びっくりしたわたしは、息子のところへ駆けよりましたが、女の子はよそのグループでもまた何人かの頭を叩いていました。姿を見せなかったこの子の親は、いったいどんな育て方をしているのでしょうか？

子どもの強い攻撃性と虐待には関連があると言われています。親が日常的に問題解決の方法として暴力を使っている場合、自分も同じように問題解決の手段として暴力をふるってしまうことがあります。親からの暴力が子どもに強い無力感を抱かせ、それを克服するために暴力をふるう親と自分とを同一視して暴力をふるうということもあります。また、日常的な虐待は子どもの自己肯定感を低下させます。そのために、相手に受け入れてもらえるか相手を試す行動として暴力をふるったり、自分の気持ちをうまく言葉で表すことができずに暴力という形で表現してしまったりすることもあります。

　他にも、成長や発達の遅れ、劣等感の強さ、非常に強い怒りの感情から他者や自分自身を傷つけてしまうなども虐待を受けたことの影響と言われており、これは大人になってからも続く深刻な問題です。虐待が疑われるときは通告（Q50）が解決の有効な手段となる場合があります。

　自分の子どもが叩かれたとき、驚きとともに怒りの気持ちを感じると思います。もちろん自分の子どものケアをすることを最優先として、その時に今回のご質問のように「なぜこの子はこのような行動をとるのだろうか」と少し考えてみてほしいのです。「一緒に遊びたい」というような自分の気持ちを言葉で表現することができないのか、あるいは適切な関わり方を学習していないために叩くという行為になっているのかなど、その子の様子を見た上で、叩いたことを叱責するのではなく、「一緒に遊びたいの？」「叩かなくても遊ぼうって言ったらいいんだよ」などと気持ちを表現することを手助けしたり、適切な方法を伝えたりするなどという関わりができるとよいのではないでしょうか。

　また、親に対する非難の気持ちも生じますが、姿を見せない理由として親も子どもの行動や自分の子育てに困っている場合もあります。子育て中の親同士として声をかけるなど、親子を孤立させない関わりが必要です。

（福間麻紀）

Q58 担任のわたしに過度な執着をみせる生徒は虐待を疑うべきですか?

わたしは小学1年生のクラスを受けもつ教員です。入学式を終えてしばらくすると、ひとりの女子児童が教室から職員室までついてきたり、トイレにもついてきたりするようになりました。校庭でわたしの帰りを待っていたこともあります。保護者への連絡を考えましたが、この児童は、秘密にしておいてほしいと言います。近く家庭訪問の予定があり、保護者にこうした事情を聞いてみるべきなのかどうか、アドバイスがあればお願いします。

小学1年生といえばまだまだ幼く、集団生活における基本的な習慣が定着し切れていないため、こういった行動はありがちなようにもとらえられますが、そこに子どもからの"声にならないSOS"が秘められているとすれば、大人はそれを敏感にキャッチしていかねばなりません。ご質問にある生徒さんが「秘密にしておいてほしい」と言っているとのことですので「やはり何か事情があるのかもしれない」と想定して状況を見ていく必要がありそうです。

虐待を受けている子どもは、様々な方法で私たち大人に無言のメッセージを発します。例えば、大人を信じられず、親身に接してくれる大人を挑発して試さずにはいられない子どもや、父親と面影の重なる男性教諭には近づけず、女性の先生にばかり近寄ってくる、性的虐待を受けてきた生徒。学校では過剰に良い子を演じ、自分を取り繕うことで大人に好かれようとする児童や、家庭での恐怖に激しいストレスを抱えているために学校では、その反動で暴れてしまう生徒など。その行動は誤解されたり問題視されたりしがちですが、そこには子どもたちの声にならないSOSが隠されているのです。

その女子児童にも虐待が潜んでいるとしたら、家庭訪問で事情を直接尋ねることは、保護者を刺激し本人へのさらなる虐待につながりかねない危

第3章 虐待? ネグレクト?――子育てについての悩み

険性もはらみます。ここはまず担任だけで対応を判断せず、校内の支援コーディネーター教諭や管理職に現状を報告し、スクールカウンセラーやスクールソーシャルワーカーといった専門職にも参加してもらった上で、この子どもの行動の背景について多面的にとらえていくことをお勧めします。必要に応じてスクールソーシャルワーカーは適切な支援機関へもつなぎますし、スクールカウンセラーは子どもの心理状態からの助言をもたらします。表面に現れた行動だけでなく、その背景にどんな事情や苦悩があるのかを多角的にみた上での働きかけが重要です。（安永千里）

Q59 給食の食べ方が異常に早く、何度もお代わりを求める児童がいます

当校では児童たちといっしょに給食を食べています。わたしが担任するクラスは小学２年生でみんな育ちざかりです。しかし、ある児童は、まわりの児童とおしゃべりをすることもなく、むさぼるように給食を食べ、おかわりを何回も要求してきます。朝ご飯をちゃんと食べているのかそれとなく聞いてみると、朝は何も食べさせてもらえず、夕食もたいていはカップ麺か買い置きのお菓子。保護者と面談する以外に何か打つ手はありますか？

ある児童の「むさぼるように給食を食べ、おかわりを何回も要求する」という状況が、尋常ではないと気になっておられるのですね。また、その子の保護者との面談が難しいと感じておられるようですが、具体的なエピソードはどういうものでしょうか？

実は、虐待を受けた子どもの中に、給食に対して異常なまでのがつがつした印象を与える子がいます。「のどまで詰め込めるだけ詰め込む」というような感じです。身体の大きさに関係しません。相談されている児童は、「朝は何も食べさせてもらえず、夕食もたいていカップ麺か買い置きのお菓子」ということで、育ち盛りの子どもであるのに、十分な食事を与えら

れていない状況が疑われます。「食」以外に、衣服の状態はどうでしょうか。洗濯が十分にできていなかったり、季節にふさわしくないものであったりしませんか? それ以外にも、学校生活の中で気になることはありませんか? 保護者についても不自然なことはありませんか?

　子どもの食事の状況から、保護者が食事を作らない・作れない、保護者が子どもの起床時に家にいない、あるいは家計が苦しく食材を購入できないなど、様々なことが考えられます。また、保護者が学校からの電話にも出ず、面談や家庭訪問を拒んだり、朝も起きずに寝ていたりするような場合、保護者が子育てに自信がなかったり、何らかの理由で昼夜逆転している場合もあります。さらに保護者が「うつ」などの病を抱え、朝起きることができず、食事の用意や衛生保持など、子どもの世話が適切にできない「困っている」状況にあることも考えられます。

　いずれにしても支援が必要な家庭であり、担任だけ・学校だけで対応できない、してはいけない状況ではないでしょうか。まずは、管理職に相談のうえ情報収集を行い、虐待が疑われたら、または特別に子育てに支援が必要と思われたら、市町村や児童相談所に通告または情報提供をしてください。ここから、支援がスタートします。(佐々木千里)

Q60 虐待を受けたことがあっても立ち直れるものですか?

　まだ幼い子どもにとって、親は安心と安全を与えてくれる絶対的な存在です。まわりに親切なおとながいても心から頼れるひとはいないと考えるのがふつうだと思います。そんな親から虐待を受けて育った子どもは、こころに深い傷を負ってしまうはずです。PTSD (心的外傷後ストレス障害) に長く悩まされる子どもたちもいると聞きます。虐待を受けた子どもは、その後の人生においてしっかり立ち直っていけるものなのでしょうか?

第3章　虐待?　ネグレクト?――子育てについての悩み　93

虐待は、本来ならば子どもが安心して生活するはずの家庭で起こります。最も信頼し、愛情を注がれるべき親から虐待を受けた子どもの心の傷は計り知れません。身体の後遺症だけでなく、人との関わり方や距離感がわからない、カッとなりやすく冷静に話し合うことができないなどの対人関係の問題や、自己肯定感の低さ、精神的症状等々—子どもの人格形成に重大な影響を及ぼします。子ども時代だけでなく大人になってからも長くその生活に影を落とします。

ある若いお母さんは、子ども時代に虐待された経験があり、成人してもPTSDに悩んでおられます。彼女は、また、自分も子どもを虐待してしまうのではないかと「虐待の世代間連鎖」の不安も抱えています。

児童相談所の調査では、世代を超えて虐待が連鎖するのは23％と言われています。換言すれば、8割近くの方は虐待からの回復が可能だったと考えられるでしょう。虐待からの回復のプロセスは長く辛いものですが、周囲の人たちの温かい関わりや支えと理解、心理・医療などの専門的なケアによって、少しずつ立ち直っていくのだと思います。そして、何よりも虐待を受けた人の多くが「虐待の連鎖を断ち切りたい」と願っている事実こそが、回復への糸口ではないでしょうか。

さて、虐待を受けた子どもには、まず児童相談所が介入し、医師や心理の専門家などの診断や、家庭の様子を調査した結果、親子が家庭で暮らすことが子どもにとって深刻な影響を及ぼすとみなされたときは、一時保護を経て、乳児院、児童養護施設、里親宅や信頼できる親類宅などで生活します。そこで虐待の傷を癒し、心身のケアを受けます。一方、子どもだけでなく虐待をした親にも支援が必要です。親子が適切な支援を得て関係に改善がみられた場合、子どもは再び家庭に戻ります。とはいえ、一度損なわれた関係を修復するのは、並大抵のことではありません。早期に虐待を発見し、重篤化しないうちに速やかに心身のケアを受けること、そして絶え間ない息の長い支援が虐待からの回復には不可欠です。（菅江佳子）

子どもと家族の貧困問題

Q61 「豊かさ」「貧しさ」の基準を教えてください

「子どもの貧困」が社会問題になっています。塾に通えない、新しい服を買ってもらえない、いつもお腹を空かせている……。しかし、海外に目を向ければもっと貧しい子どもたちはいくらでもいます。子どもの頃から贅沢を覚えると、おとなになってから苦労するという考え方もあります。お金はあっても幸福を感じられない子どもたちだっているでしょう。親の年収だけで「豊かさ」や「貧しさ」を測れるものですか？　教えてください。

子どもの貧困の基準は、代表的なものとして「絶対的貧困」と「相対的貧困」の2つがあります。「絶対的貧困」とは、食べ物がない、住む所がないなど生きていくことも難しくなるような貧困のことで、「相対的貧困」は、その国における生活水準や文化水準との比較において困窮した状態のことです。ニュースなどで示される「子どもの貧困率」は、この「相対的貧困」の考え方による割合です。

世帯収入から税金や社会保険料などを引いた等価可処分所得（いわゆる手取り所得のことです）を試算して、それを低い順から高い順番に並べ、真ん中に位置する所得の半分（この金額を「貧困線」と言い2015〔平成27〕年では122万円です）に満たない人の割合で算出されます。「子ども」の貧困率は、18歳未満の子どものいる世帯で、この貧困線を下回る割合です。身長などの平均値は、全ての人の身長の合計を人数で割って算出しますが、そうした算出方法だと、例えば極端に背の高い人がいることによって、平均身長の値は大きくなってしまいます。相対的貧困の考え方は、そうした極端に所得の高い人などの影響を受けることを避けるために、順番に並べて、ちょうど真ん中に位置する人の所得を基準にして、その半分（貧困線）以下の割合で見ていきます。

一般に私たちがイメージする貧困は「絶対的貧困」であり、「相対的貧

困」については、絶対的貧困のレベルと比べて、時に贅沢だと考えられがちです。しかし、日本における高校進学率が9割を超えるなか、経済的な理由で進学ができないことや、周囲の生徒が当たり前として行っている部活動に参加できないという状況は、子どもの貧困状態として見過ごすことはできません。さらに最近の研究では、家にあるモノ（パソコンや絵本など）の有無だけではなく、その絵本を保護者に読んでもらったことや、家族との娯楽や旅行など、子どもの育ちにおける経験の不平等についても注目されてきています。（岩田美香）

Q62 日本で貧困に苦しんでいる子どもは何人ぐらい？

経済大国といわれる日本でなぜ「子どもの貧困」が問題になっているのかいまひとつ理解できません。ひと口に「子ども」といっても20歳未満はみんな「子ども」に含まれるのでしょうか？ 中学しか卒業させてもらえず働きはじめるひともいれば、高卒で社会人になったひともたくさんいます。彼ら彼女らも法律では未成年。「子どもの貧困」を考える際、何歳までが子どもで、そのうち何人ぐらいが「貧困」にあえいでいるといえますか？

日本における未成年の年齢は「民法」により20歳未満と規定され（民法の改正により、2022〔令和4〕年から成人年齢は18歳になります）、飲酒や喫煙も20歳からとされていますが、様々な法律や制度によって子どもの年齢は異なっています。たとえば、選挙権は18歳以上ですし、普通自動車の免許も18歳から取得できます。さらに、子どもの福祉に関する「児童福祉法」や「児童の権利に関する法律」「児童虐待の防止等に関する法律」では18歳未満を児童としており、非行少年に関する法律である「少年法」では20歳未満を少年としています。

子どもの貧困率で示される「子ども」とは18歳未満を示しています。

2015（平成 27）年における日本の「子どもの貧困率」は 13.9％であり、7
人に 1 人の子どもが貧困状態にあります。さらに「大人がひとりで子ども
がいる世帯（祖父〔母〕などと暮らしている子どももいますが、多くはひとり
親世帯です）」の貧困率は 50.8％と深刻です。日本の場合、父子世帯にく
らべ母子世帯の割合が高く、この「ひとり親世帯」の多くは母子世帯を示
しています（2016〔平成 28〕年厚生労働省「国民生活基礎調査」）。

　子どもの貧困とは、単に「お金がない」という生活ではなく、健康や障
がい、学力や進路、そして社会的なネットワークなど、子どもが育ってい
くうえでの様々な要因に関連しており、しかもそれらが 1 つだけではなく
複合的に生活にのしかかってきます。また上記のように子どもの貧困率
が示されていても、子育ては主に家庭で行われ、その実態が外からは見え
づらいという状況もあります。

　ある家庭では、自分たちの貧困を周囲に知られたくないという気持ちか
ら、生活の実態を隠し、時に学校や他の保護者にクレームを言う形で「自分
たちの生活を守って」いました。こうした親に対して私たちは、生活の背
景を見ずに親の態度だけに注目して非難してしまいがちです。しかし子ど
もの貧困は親の養育責任だけでは解決できない社会的な問題です。私たち
が「社会の子ども」の貧困に注目し考えていくことが大切です。（岩田美香）

Q63 子どものどこを見れば 「貧困」だとわかりますか？

　海外では極端に貧しい子どもの姿を見かけます。着ている服はボロボロ、
家はバラック同然、もちろんゲーム機なんか買ってもらえるはずもありま
せん。偏見をおそれずにいえば、文化の違いだけでは片づけられない問題
です。しかし、日本の子どもたちは押しなべて豊かそうに見えます。家庭
内の事情はともかく、外見から「貧困」をうかがい知ることはできません。
いったいどうすれば貧困に苦しむ子どもたちを見つけられるのですか？

たしかに「貧困」というと、開発途上国の飢餓状態の人々をイメージするかもしれませんね。こうした栄養学的にみて生命を危機にさらすような状態を絶対的貧困（生存貧困）といいます。一方、Q61にあるように生活する社会の標準的な生活を送ることができない状態を相対的貧困といいます。
　たとえば「靴」について考えてみましょう。私たちは靴がなくても生命を維持することはできます。しかし、現代の日本では学校へ行ったり外出したりするときには、誰もが靴を履きます。外に履いていく靴がないということは、絶対的貧困ではないけれども相対的貧困であるといえます。
　サッカーが大好きな中学生の男の子がいました。サッカー部で熱心に練習に励みましたが、練習するほど靴底のスパイクがすり減ります。スパイクの価格は7,000～8,000円。彼のお母さんはシングルマザーとして男の子を含む4人の子どもをひとりで育てていました。彼はお母さんが生活費のやりくりに頭を悩ませていること知っていたので、新しいスパイクが欲しいことを言い出せず、やがて部活をやめてしまいました。お母さんや友だちには「朝練がダルいからやめる」と言っていたのですが、本当はスパイクが買えないためにやめたのです。
　このように、多くの中学生が楽しみにしているクラブ活動に参加することができない状態も相対的貧困と考えることができます。事例のように、子どもが周囲に貧しいと思われたくないために、あるいは親を気遣って、本当の理由を隠すことはよくあります。ボロボロのスパイクは「見える貧困」である一方で、部活をやめた本当の理由は教師や親にも隠されている「見えない貧困」なのです。貧困に苦しむ子どもたちを見つけるためには、日頃から子どもに関心を向けることです。元気がない、おなかをすかせている、疲れていて眠そう、虫歯があるのに歯医者に行けない……そんな子どもは周りにいませんか。きっと気になる子どもがいるはずです。（新藤こずえ）

Q64 親は何より子どものことを優先すべきですか？

よほど恵まれた家庭でなければ収入にはおのずと上限があります。それでも子どもの将来を考えて預金に励み、安い食材ながら料理もちゃんとしています。どうにかやり繰りしてお金を浮かせ、たまには学生時代の友人たちと高級なランチを食べに行ったり、エステを受けたりすると子どもにつかうお金はなくなってしまいます。子どもの服や靴にお金をかけるより、わたしは自分の人生も大切にしたい。この考え方、間違っていますか？

　お子さんの将来のための預金、家族のための料理など、よくがんばっていらっしゃいますね。たまには息抜きが必要ですよね。限られた収入のなかで、欲しいものをすべて買うのは難しいことです。多くの家庭では、やりくりをしながら毎日の生活に必要なものをそろえているのではないでしょうか。でも、やりくりを意識するあまり、日々の生活がギスギスしては、親にとっても子どもにとっても良い状況であるとはいえません。そういった意味では、親自身がリラックスできる機会を持つということは、とても大切なことです。あなた自身が楽しんだりリラックスしたりしたあとは、お子さんや家族にも優しくできるのではないでしょうか。
　もちろん、子どもが幼稚園や保育園、学校で必要とされる最低限の服や靴を準備してあげる必要はありますが、他の家庭と比較するあまり、無理に高級なものや華美なものを準備する必要はありません。一方で、子どもの将来のためにできることは預金だけではありません。家庭内の資源をどう振り分けるのかは、家族が何を重視するのかによると思います。お子さんの好きなことや関心のあることはどんなことでしょうか。たとえば、お子さんは外で遊ぶことと、家の中で遊ぶこと、どちらが好きでしょうか。お子さんがいきいきと遊んだり学んだりするために、また、長所を伸ばしていくために、あなた自身や家族ができることはどんなことでしょうか。

家族で一緒にアウトドアスポーツやキャンプに出かけたり、家の中で子どもに絵本を読んであげたり、ときには一緒にゲームをすることがあってもよいと思います。親が子どもにできることは、服や靴にお金をかけることだけではないはずです。親は何よりも子どものことを優先すべきというわけではなく、子どもの人生を大切にするためにも、親自身の人生を大切にしていくことが重要なのではないでしょうか。(新藤こずえ)

Q65 貧しくてもたくましく育つ、ということもあるのでは?

テレビでよく見る大家族。貧しいながらも年長の子どもたちはみなしっかりとしています。きょうだいで食べ物やおもちゃの奪いあいを経験すると、子どもはたくましく育つのかもしれません。いまでこそ大家族は少なく、なんでもひとり占めにできる状態です。これでは人間をわがままにするばかりであり、物不足に耐えるのも修業のうちだと思います。ただ、こんなことを言うと、「高みの見物」だと批判されてしまいそうな気もします。

確かに日本には、「貧しいながらも楽しいわが家」や「清貧」といったことばがあるように、たとえ生活が貧しくても心が豊かであれば楽しく暮らせるのではないか、と外からは考えてしまいます。しかし国の調査における生活意識をみても、「生活が苦しい(大変苦しい+やや苦しい)」と感じている世帯は、「児童のいる世帯」では62.0%、「母子世帯」では82.7%にもなっており、気持ちのもちようで克服できる現状ではありません(2016〔平成28〕年厚生労働省「国民生活基礎調査」より)。

ある母子世帯の母親はパートタイム就労の収入が低いために3つもの仕事を行い、そのために子どもたちの話しを聞いてあげる時間ももてず、また近所や友人との付き合いも疎遠になり社会的にも孤立しがちとなりました。子どもたちも、母親にお金の心配をかけまいと、友だちのお誕生会に誘われて

もプレゼントを買うことができないので参加を断り、修学旅行でも、自由行動での交通費などが準備できないために行くのを断念して、学校や友人関係での居場所を失っていきました。さらに親も子どもも、医療費の心配から体調不良を感じても病院にかかることをがまんしてしまうこともあります。こうした生活は、たくましさを育てるものでも修行でもありません。

　子どもの問題は貧困家庭だけに生じるものではありませんが、その問題を解決していく過程では、貧困家庭の問題は複雑となりがちです。生活が安定している家庭であれば、親の協力も得て社会的資源やサービス、また公的・私的なネットワークを使って解決に近づけていきますが、貧困家庭では、解決のために使える「時間」「お金」「情報」そして「健康状態」などのために支援の選択肢も少なく、様々な側面で制約を受けてしまいます。社会の仕組みとしての社会保障や社会福祉サービスの充実とともに、私たちは貧困家庭の生活実態について理解を深めていくことが大切です。（岩田美香）

Q66 「貧しさ」は子どもの成績に影響しますか？

わたしが受けもつ小学5年生のクラスに給食費を滞納している児童がいます。もともと成績は悪くない児童だったのですが、最近は勉強への興味が失われているように思えます。授業中にうとうとしていることも少なくありません。話を聞いてみたところ、ひとりで働くお母さんに身の回りの世話を頼めず、予習・復習ばかりか宿題に取り組む時間すらないそうです。このまま成績が下がり、将来についてもあきらめてしまいかねず心配です。

貧困家庭に育つと成績が悪くなると決めつけるものではありませんが、子どもの貧困と成績の関連は調査からも明らかになっています。お茶の水女子大学による研究では、所得や親の学歴といった社会経済的状況が低い家

庭の子どもは、勉強時間の多い少ないに関わらず成績が低くなる傾向がありました。そこには、質問の事例のように家事に時間が取られる場合や、教育のためのお金をかけてあげられない事情、さらに子どもの教育に対する親の期待や家庭内での読書や文化的な活動の差も影響しています。

また生活保護世帯の子どもに関する研究（林 2016）では、子どもたち自身が家事役割を担うことによって、自己肯定観を強めていくプロセスについて説明されています。子どもたちは、学校では宿題もできていないし、授業も難しい、友だちのように塾にも通うことができないという立場に追いやられる一方で、家庭では家事やきょうだいの世話などの役割を担い、時に親や周囲からも評価され自分自身でも優越感が高まっていきます。学校では居場所が見いだせないだけに、なおさら家事役割での自己肯定感を強めていたのです。その結果、彼らの学習はさらに遅れ、進路も狭くなっていきます。

そうしたなかで、国や地域における学習支援が活発になっていることは、貧困にある子どもたちの学びの保障のためにも大切なことです。しかし一方で、数年間の学習支援を行うことによって、どの子どもにもやる気が生じて成績が良くなり、進学率も上がっていくといったものではありません。そのような時に私たちは、「せっかく無料の学習の支援を提供したのに、やる気を出さずに頑張らないのは、その子の責任」といった気持ちを抱きがちです。しかし、教育から遠ざかっている（遠ざけられている）子どもたちや家族への支援には、時間もかかり結果も見えづらい場合が多いのです。方、学校の勉強だけでは不十分で、学校の他に塾に通うことが当たり前となっている現状についても、改めて考えていく必要があります。
（岩田美香）

林明子（2016）『生活保護世帯の子どものライフストーリー──貧困の世代的再生産』勁草書房

Q67 子どもが望むものを買ってあげられないのは「貧困」ですか？

すべての親とは言わずとも、親というものは、自分の子どもとほかの子どもをどこかで見くらべてしまいます。運動会での活躍、成績、着ている服さえも比較の対象になります。お金を払ってすむものなのであれば、できるだけ見劣りないようにしてあげたい。仲間外れにされてしまいたくない。「貧しいうちの子」なんて絶対に言わせたくありません。もしかすると、「貧困」にはこんな親の気持ちが影響しているのではないでしょうか？

多くの親が、わが子の学校行事での活躍や成績に注目し、期待しているのは事実です。そして、金銭面でも十分なことをしてやりたいと考えている方が多いと思います。したがって、おっしゃるような着る物や持ち物で、ほかの子と比べて見劣りがするようなことは避けたいし、少しくらい無理してでも恥ずかしくないようにしてやりたいと思う気持ちも分かります。ただ、その程度に関しては、各人、各家庭によってさまざまだと思います。仮にみんながお互いに見栄を張りあうようなことが起きると、子どもの持ち物として常識的な金額と実際の金額の差がどんどん広がることになるでしょう。私たち大人は、そのようなはっきりとした線引きのないことに関しても、良識を持って判断することがとても重要だと思います。

戦中戦後の貧困はみんなが平均的に貧乏だったのに対し、現代の貧困の特徴の1つは格差だと言われています。多くの家庭の子どもが、塾やスポーツ教室などの習い事に通い、毎年新しい服を買ってもらい、家族旅行に出かけ、誕生日やクリスマスにはプレゼント、お正月にはお年玉をもらっている中、そのうちの1つも与えられていない子どももいるのが現代の貧困です。その両者が同じ教室の中で机を並べていることで起きるトラブルはさまざまです。持ち物の違いや価値観の違いによるトラブルが、二次的にいじめや嫌がらせに発展し、さらに、不登校などに発展していく可

能性も考えられます。

　「貧困」は決して特別なことではありません。政治や経済状況などの個人では変えようのない複雑な要素が土台にあり、そこに誰にでも起こりうる病気や離婚などの要素が加わることで、簡単に貧困状態に陥ってしまいます。また、一度貧困状態に陥ってしまうと、這い上がるチャンスが非常に少ないのも現代の貧困の特徴です。それほど、今の仕組みは脆弱なため、社会での取り組みが必要だと言われています。（多良恵子）

Q68 シングルマザーの貧困は「自己責任」ですか？

元夫のDV（ドメスティック・バイオレンス）が原因で2年前に離婚しました。いまはひとりで5歳になる息子を育てています。逃げ出すように離婚したので、養育費の話しあいはできていません。妊娠を契機に仕事から離れたこともあって正社員になれず、パート勤めでは生活が困窮していくばかりです。「離婚するなら計画的に」「子どもをもうけた責任の半分は母親にもある」という世間の意見を聞くとなんだか悲しくなってしまいます。

　ドメスティック・バイオレンス（以下、DV）の状況下におられたとのこと、さぞ大変な思いをなさったこととお察しします。ひとりでお子様を一生懸命育ててらっしゃるご自分に、どうか胸をはっていただきたいと思います。
DVは子どもにとっては心理的虐待に当たります。両親間の暴力を見聴きして育った子どもたちは、脳の一部が委縮しているという研究結果もあり、子どもの成長発達に影響を与えてしまうことが指摘されています。また「お父さんがお母さんを殴るのは僕が良い子じゃないからだ」と、自分を責めて苦しんだり、問題の解決方法を「力」によって行うものだと誤学習してしまうことでお友だちに暴力的な行為をしてしまい、人間関係がうまく構築できないことに苦しむ子どもも少なくありません。まだ幼いうち

に暴力のある環境からお子様を離してあげたことは、"子どもを守る"という観点から大変重要だったといえるのです。

新生活をスタートされた後に課題となってくるのが経済面です。現代の日本では母子世帯の収入は生活保護世帯よりも低く、雇用にしても男性優位な側面があり、父子家庭と母子家庭の年収には160万円近くの差があるという統計が出ています。それに加え、女性がひとりで子どもを育てることへの理解はまだまだ進んでいない現状もあります。世間には「両親揃っていることが当たり前」「離婚なんてとんでもない」といった考えの方がいるのも現実です。しかし、そのことに心をとらわれすぎずに、これから先を見つめてほしいと思います。大事なことは「これから先の暮らしは自分たちで作っていける」という希望があることです。教育にかかる費用の一部を援助する「就学援助制度」や、進学支度金や授業料の支援制度もあります。先々に必要な出費を思うと不安になるかと思いますが、制度やサービスも活用しながら気持ちを前向きに維持して過ごしていただきたいと考えます。(安永千里)

Q69 まだ若いのに生活保護を受けるなんて恥ずかしい

生活保護費なんて年金を受け取れないお年よりがもらうものだと思っていました。働ける年齢なのに働かず、障害もないのに国からお金をもらうのは、怠け者がやることだと死んだ親から教えられてきました。そのせいか、離婚して生活が苦しくなってもいまさら生活保護の申請なんかできません。近所の目だって気になります。ただ、わたしにはまだ幼い子どもがいます。自分らしくなくてもプライドは捨て去ってしまうべきですか?

病気やけが、障害、失業、育児など、さまざまなことから生活に必要な収入を得られなくなることは誰にでも起こりうることです。そして、その状態が長く続くことは生活・生命の危機といえます。その危機をどのように乗り越

えていくのかを考えたときに、生活保護は生活を助け維持していくための有効な手段となります。生活保護は、人が健康で文化的な最低限度の生活を営むことを国が憲法で保障している制度です。困窮に至った理由が何であれ、誰もが必要なときに申請して利用できる制度です。受給することは恥でも怠けでもなく、憲法に認められている生存権を行使することにほかなりません。後ろめたさのために躊躇することで、何よりも尊い自分や家族の命や生活が失われることはあってはならないのです。

　相談者は、離婚に伴い生活が苦しいなかで幼い子どもを育てています。幼い子どもを抱えて新たな仕事をみつけ、育児と仕事を両立することは、非正規雇用の増加や待機児童問題などの社会情勢を考えても容易なことではありません。特にひとり親（母子世帯）は、家族のサポートを得られない場合が多く、就労と子育てを同時に考えて行かなければなりません。働くにしても、子どもを預けられる時間帯だけの就労で、生活を維持していくための収入を得ることができるのかという問題も生じます。幼い子どもを抱えながら無理をして体を壊し、仕事と育児の両方ともが行き詰まってしまった場合、そこから生活を立て直すのは容易なことではありません。ここはまず育児のために生活を安定させることを第一に考えて、生活保護の利用を検討してはいかがでしょうか。そうはいってもやはり後ろめたさがあるということであれば、「子どもが手を離れるまで」と割り切って受給し、その間に働いて生計を立てられるように就職活動することや生活保護を受けながら働いて、足りない分を受給することもできます。育児に多くの時間がかかる時期は、それほど長い期間ではありません。必要な時に必要な制度を有効に活用してほしいと思います。（福間麻紀）

Q70 近く母子家庭になります。どこに相談すればいいですか？

夫の浮気が原因で離婚することになりました。小学2年生の子どもがいます。夫は浮気相手の女性にかなり貢いだあげく、いまは失業状態です。養育費の支払いは期待できません。離婚の原因が原因なのでわたしも両親には甘えられず、今後の生活に不安を感じています。これといったキャリアもなければ、資格ひとつもたないわたしです。まずは仕事につかなければなりません。それまでのお金も必要です。相談先があれば教えてください。

相談者の方は、女性問題で悩まされた配偶者との関係にピリオドを打つ決心をなさったのですね。新しい生活をはじめるには、ご心配も多いと思いますが、今は、ひとり親家庭の子育てを応援するさまざまな制度があります。おひとりで悩まず、ぜひ、そうしたサービスを上手に利用してください。

まず、預貯金がほとんどなく生活にお困りの場合は生活保護が利用できます。要否判定がありますので、早めに生活保護の担当課（保健センターや福祉事務所と呼ぶ自治体もあり）への相談をおすすめします。次に18歳（障がいのある方は20歳）までの子どもを育てているひとり親の方には児童扶養手当が支給されます。所得制限や手続きに必要な書類などの詳細は各自治体の児童扶養手当担当課までお問合せください。

医療費については、ひとり親家庭の医療費自己負担額軽減制度が利用できます。自治体によって利用できる対象範囲や負担金額に差がありますので、保険や児童担当の窓口に確認してください。

また、仕事に就くために必要な資格を取るには、学校や研修に通う経費の一部を給付金として支給したり、貸与する制度もあります。併せて母子父子福祉センター（自治体によって名称が異なる）では、ハローワークと連携し職業紹介や自立に向けての相談に乗ってくれます。給食費や学用品などの支払いについては、就学援助が適用されます。お子さんの学校に問い

合わせてください。養育費についても、各自治体配置の養育費相談員や養育費相談支援センターで相談に乗ってくれます。そのほか、お住いの心配があれば、一時的に母子生活支援施設への入居も可能ですし、必要に応じて家事支援サービスや子どもを短期間預かる制度も利用できます。お早めにお住いの役所への相談をおすすめします。（菅江佳子）

Q71 「貧しさ」から脱する方法を教えてください

わたしは、ひとりで２歳の子どもを育てています。相手が認知してくれないので養育費は一銭も支払われていません。生活保護を受けていた時期もありました。わたし自身もひとり親で、遠くに住む母は、パートでどうにか暮らしています。わたしは高校を中退したあと、ずっとアルバイトをつづけてきました。せめて自分の子どもだけはまともな仕事をしてもらいたいと思うのですが、貧しい親の子どもは、やっぱりいつまでも貧しいままですか？

これまでの境遇から「貧しさから抜け出せないのではないか」という閉塞感に苦しまれておられる胸中、お察しいたします。相談者が言われるように、貧困が若い世代に連鎖していかないような世の中を作っていくことは大変重要であり、国や地方自治体でも「こどもの貧困」への取り組みがなされ始めています。社会という大きな単位での取り組みも重要ですが、個々人レベルでの行動も大変重要です。そのことを実感したことがありました。

小学生のお子さんを持つある女性が「これからどう生きていけばよいかわからない」と、相談に来られました。夫から離婚を迫られ、お金も渡してもらえていない、と憔悴されていました。定期的に相談を積み重ねることで「この先どんなふうに生きていけば自分は幸せだと感じられるか」を明確にし、今できる行動を１つずつやっていかれました。結果的に離婚さ

第４章　子どもと家族の貧困問題　109

れ、経済的には苦しい状況が続きましたが、該当する手当や支援を受けつつ仕事にも就き、今では「毎日が大変だけれど楽しい」とおっしゃるまでになりました。そんな母親の変化を見てきたお子さんにも変化が起こります。自分は何をしていきたいのかお母さんと話し合ったり、学校でも積極的に活動するようになりました。主体的に生き、行動することで現状を変えていけることを学んだのです。親ごさんがお子さんに与えてあげられる財産の大きな1つが、生き方への姿勢ではないか、と考えさせられた親子でした。まずはお母さん自身が、閉塞感から少しずつ抜け出していくことが重要です。そのためには伴走者が必要かと考えます。福祉事務所には母子自立支援員という相談員がおり、お母さんご自身の資格取得のための経済的な支援から、お子さんの進学・就労についてまで対応してくれます。お母さん自身の生き方、働き方や経済面の改善、お子さんの成長に合わせた支援などについて相談されてはいかがでしょうか。(安永千里)

Q72 経済的に貧しい親は子どもを手放すべきですか？

バイクの自損事故で夫が亡くなってから3か月。任意保険や生命保険には加入しておらず、夫婦ともにまだ20代なので預金はほとんどありません。お互い両親から反対されていた結婚です。夫の両親ですら孫の顔は見たくないと言っていました。わたしに生活力がないことは自覚しています。仕事の経験もほとんどありません。子どもの将来を考えれば、児童養護施設に預けるのも選択肢のひとつだと思います。ただ、別れわかれはつらいです。

悲しみのなかでひとりでの子育ては、とてもつらいことでしょう。今は気持ちの整理をする時期なのではないでしょうか。身近に、あなたのつらく悲しい気持ちを受け止めてくれる方はいませんか。ご両親から反対されてのご結婚とのことですが、結婚を祝福してくれた友人や学校時代にお世話になっ

た先生などはいませんか。まずは自分の気持ちを打ち明けてみましょう。

　その上で、今後のことを考えていきましょう。お仕事をされた経験がほとんどないとのことですので、子育てをしながらの就職活動は困難が多いと思われます。お子さんを児童養護施設に預けることも考えておられるようですが、別れるのはつらいですよね。まずは一緒に暮らしながらできる生活の立て直しを考えてみませんか。

　母子家庭が利用できる制度としては、児童扶養手当があります。ひとり親家庭のための手当で、月額42,500円（2018〔平成30〕年現在、全部支給の場合。所得に応じて変動）を受け取ることができます。子どもが2人以上の場合は加算があります。お住まいの市区町村への申請が必要です。ただし、手当だけで生活することは難しいでしょう。

　また、母子が一緒に暮らすことができる児童福祉施設もあります。母子生活支援施設は、18歳未満の子どもを養育している母子家庭が利用できる施設で、配偶者のいない女性（これに準ずる事情にある者も含む）と子どもが一緒に入所して心身と生活を安定させ、自立できるように支援する施設です。独立した居室で生活することができ、仕事や育児、将来の生活設計のことなどを相談できる母子支援員という職員がいます。

　預金はほとんどないとのことですので、もし、お母さんが働いても親子が生活するための収入が得られる見込みがない場合、さまざまな条件がありますが、生活保護制度の利用も考えられます。お住まいの市区町村を管轄している福祉事務所が窓口です。お母さんとお子さんが元気に安心して暮らしていけるよう、活用できる制度は活用しましょう。（新藤こずえ）

第4章　子どもと家族の貧困問題　　111

Q73 障害を持つ親です。十分な収入がえられません

夫婦とも精神科の医療機関で治療を受けています。妻のわたしは統合失調症、夫の診断はうつ病です。病気の影響で長期の就労ができず、企業に採用されても正社員にはなれません。いまは生活保護を受けてぎりぎりの生活です。今年で3歳になるひとり息子をこれからも夫婦でしっかり育てていきたいと思っているのですが、今後は教育費用もかかってきます。障害を持つ親が子どもを育てるために必要な支援などについて教えてください。

ご夫婦で病気と向き合いつつ、子どもさんを大切に育てていることがうかがえます。統合失調症、うつ病の経過はいかがでしょうか。症状によっては、精神障害者保健福祉の手帳を申請・取得することで、精神保健福祉法に基づくサービスの利用、手当の受給などが可能になります。また、障害者総合支援法による就労支援として、一般企業などへの就労に向けた知識・技能習得のサポートと、福祉事業所などにおける社会参加の機会を保障し働く力を育む、就労継続支援（A型・B型）があります。精神保健福祉士の資格を有したソーシャルワーカー（PSW）が、ハローワークの障害者相談窓口に配置されている地域もありますので、仕事の選択に伴う情報提供を得たり、職場適応までの期間の生活環境、就労環境の調整などを相談することができます。

こうした就労支援は、精神障害者だけではなく、知的障害者、身体障害者も対象となります。障害を持つ人が社会の一員として働くことは、自己実現の面でも、心身の生活リズムの安定化の上でも、とても大切なことです。ただし、その労働によって得られる報酬が、概して低賃金であることは否めません。作業所で生産的な労働に従事したり、一般企業からの受注作業を担っても、ひと月の賃金が数千円という実態もありますので、障害者年金、生活保護費などの受給と併せて、生活自立のあり方を考えていく

ことが必要です。

　3歳になるお子さんの将来を心配されるご両親の思いも、物心両面での支えが親の役割であるという責任と愛情に満ちたものです。その思いを大事にしながらも、公的な手当や所得保障なども含めて、家族の生活基盤を想定されてもよいのではないでしょうか。

　子どもを育てるという尊い営みに、日々、真摯に向き合っていることで、充分に親の責任を果たしていると考えます。長い育児期間ですから、社会資源を活用し、支援を組み合せながら子育てを続けることが、メンタルヘルスの上でも大切だと思います。（藤原里佐）

Q74 万引きする子は貧困家庭の子どもですか？

　万引きはれっきとした犯罪です。子どもだからといって許されるべきではありません。戦後、日本の国民がみんな貧しかったころは、戦災孤児による犯罪がとても多かったそうです。「少年法」はその当時につくられたと聞きました。子どもはまだ善悪を知らず、貧しさのなかで育っていると、「奪う」「盗む」を平気でやってしまうようになるのかもしれません。子どもを犯罪者にしないためにもなんらかの対策が必要だと思います。

　戦災孤児による犯罪は、社会全体が貧しく大人による犯罪が横行するなか、「絶対的貧困」（Q61）の状況にある子どもたちが生きるための手段として行いました。その当時は貧困と犯罪が直接的に関連していたといえますが、現代の少年犯罪はそのような簡単な図式ではとらえることができません。物質的には豊かな社会となり、生きるために「奪う」「盗む」ということは少なくなりました。現在は、周囲と同じ程度の暮らしをすることが困難な状況にある、「相対的貧困」（Q61、62）家庭で育つ子どもの問題にようやく関心が寄せられるようになってきています。

少年非行の領域においては、家庭環境の問題が非行に影響していることが指摘されています。少年院の入所者を対象とした調査では、児童虐待の経験や家庭内暴力、貧困家庭の割合が一般の子どもに比べ高い傾向にあることがわかっています。なかでも非行と児童虐待は高い割合で関連しているといわれており、その背景には、親の未熟さや社会的な孤立、精神的な不安定さや借金を含む経済的な問題などがあるといわれています。加えて、学校での不適応とそれにつながる低学力の問題が非行化の要因としてあげられており、学校にも家庭にも居場所のない子どもたちが、万引きを含む非行や犯罪に接近しやすい状況にあるといえます。

　このように犯罪を行う子どもたちは、自分だけではどうすることもできない複雑な事情を抱えています。子どもの非行や犯罪を予防するために必要なことは、本人や家族を道徳的に非難することではなく、犯罪につながるリスクとなる要因を減らすために、本人や家庭に対して積極的な支援を行うことです。それは子どもの居場所となるように家庭を支えることや地域の居場所をつくること、将来の希望がもてるように子どもの学習を支援することなど、私たち一人ひとりがそれぞれのできることを考えて、頼れる大人として子どもたちを支えていくことが大切なのではないでしょうか。
（福間麻紀）

Q75 離婚後の子どもの生活を守るためにはどうすればいいですか？

　わたしの友人が離婚を考えています。悩んだ末の結論なので反対はせず、悩み事を聞くぐらいのことなら今後もつづけていけますが、お互いに幼い子どもをもつ若い身です。経済的な支援はできません。わたしは子どもを大学に行かせたいと思っています。友人がこれからどうしていくつもりなのか詳しくは知りません。いずれは差がついて、子どもの成長や進学を喜びあえなくなると思うと残念です。助けてあげる方法はないですか？

離婚をする場合、より有利な条件での離婚が子どもの今後を左右します。具体的には、親権や養育権、養育費、財産分与などについて、配偶者と離婚する前にきちんと決めておくことが重要です。夫婦で話し合うことにより離婚に合意した場合は協議離婚となります。しかし、夫婦で直接の話し合いができない場合や、話し合いで合意できない場合、家庭裁判所が関与して離婚を成立させる調停離婚があります。親権や養育費、夫婦で蓄積した財産（自宅、自動車、預金など）がある場合、財産分与などをどのようにするかを裁判所が判断します。

　父母が離婚した場合、日本では父母が共同して親権を行使することができないため、父母のいずれかを親権者として定める必要があります。ただし、父母どちらかが親権者として子どもを引き取った場合でも、養育費を負担する義務は親権を持たない親にもあります。父母が離婚しても、子どもの親であることには変わりがないからです。子どもが社会人として自立するまでには多くの費用がかかりますので、養育費の取り決めは非常に重要です。しかし、養育費の取り決めをしても、離婚をした父親から養育費を受け取っている母子家庭は2割程度というデータがあります。

　また、大学への進学率は、世帯の所得に比例するというデータもあります。そのため、離婚後も安定した生活を送ることができるよう、離婚までにさまざまな取り決めをしっかりしておくことに加え、ひとり親家庭が利用できる経済的支援の制度（児童扶養手当、母子父子寡婦福祉資金）や、安定した仕事に就くための資格取得の準備ができる制度（自立支援教育訓練給付金）についても知っておいたほうがよいでしょう。子どもが大学などへ進学する際には、奨学金の利用も検討しましょう。日本学生支援機構だけではなく、地方自治体や民間企業、大学の奨学金もあります。返済が必要な有利子のものが多いですが、なかには無利子あるいは返済不要の給付型の奨学金もあります。（新藤こずえ）

Q76 貧しそうな子どもを見かけたらどうすべきですか？

> ひとりで5歳ぐらいの子どもを育てている女性が近所のアパートで暮らしています。最近になって離婚したけれど、預けられる保育所がなく、子どもを部屋に残したまま働きに出ることになったと話していました。わたしはすでに子育てを終え、暇をもてあましています。できることなら子どもを預かってあげたいのですが、よそさまの子どもにケガをさせてしまったら取り返しがつきません。ほかに何かしてあげられることはないですか？

シングルマザーとして小さな子どもを育てるのは大変なことです。5歳の子どもをひとりで留守番をさせなければならない状況では、お母さん自身も不安な気持ちを抱えたまま、仕事にでかけているのではないかと推察します。まずは早いうちに、見守りが必要である、この家族の存在を地域の民生・児童委員に知らせておきましょう。万が一、火事や地震などがあったときに備えて、町内会などの地域組織として子どもやお母さんの居場所を知っておく必要があります。

あなた自身は、ご近所づきあいからはじめてみてはいかがでしょうか。お母さんと子どもを見かけたら気軽にあいさつして、顔見知りになりましょう。また、「わたしは子育ても終わって、暇をもてあましているのよ。もしよかったら、お子さんの遊び相手になりたいの」と伝えてみてはいかがでしょうか。地域のお祭りやイベントなど、地域住民や子どもが参加する行事に誘ってみるのもよいと思います。あなたが「近所のおばちゃん」として、この家族を地域のなかで「見える化」し、家族と地域の橋渡しをするのです。

貧しいかどうかは、見た目ではわかりませんが、子どもがおなかをすかせていないか、身なりは清潔にしているか、子どもの様子から家庭での生活状況を推し量ることはできます。子どもをひとりで留守番させなければ

ならない状況の家庭は他にもおり、あなたと同じように、地域の中でこのような子どもを心配している方が他にもいるかもしれません。こうした仲間を募って、子どもと一緒に遊んだり、食事を提供する活動をはじめてみてはいかがでしょうか。

また、あなた自身の自宅などで子どもを預かることが現実的に可能でしたら、自治体が行っているファミリー・サポート・センター事業のサポーターとして登録したうえで、預かり援助をすることもできます。こうした既存事業を利用すれば地域子育て支援補償保険の対象となり、万が一子どもにケガをさせてしまったときの不安にも対処できます。（新藤こずえ）

Q77 「貧困」と「虐待」の関係について教えてください

貧困による栄養の不足と故意に食事を与えない育児放棄は違います。しかし、懸命に働いていても貧しさから抜け出せず、不満が募っていればつい子どもにあたり散らしてしまうこともあるでしょう。貧しさは何よりこころを疲弊させ、親子関係をギスギスさせてしまいます。虐待事件を報じるテレビや新聞などによれば、その背景にはやはり貧困が隠されていることが多いようです。貧困と虐待にどんな関係があるのか教えてください。

虐待問題への社会的関心が高まる中で、その背後にある、家族の生活困窮や貧困に気づき、鋭い観察をされています。児童虐待は、家族や個人のパーソナリティや生活態度に原因があるように言われる場合がありますが、子育ての環境や社会的な問題に着目する必要があります。雇用環境の悪化や、非正規雇用の増加は、子育て世帯にも大きな影響を及ぼし、長時間労働や成果主義など、育児との両立が困難な働き方を余儀なくされている若い世代が増えています。虐待事例においては、過酷な労働やダブルワークを続けても経済的に安定しないストレスや、生活の疲れが、家族の中で一番弱い子ども

に向けられるという構造も見られます。

　子どもを家に残して親が深夜に働いたり、早朝勤務に就いたり、親も子どもも必死で生活を回している中で、両者の時間的・精神的余裕が奪われることが推察できます。中でもシングルマザーは、家事や子どものケアの分担ができず、時間やお金のやりくりも一人でこなすのですから、心身の負担が高まるリスクがあります。貧困とは、経済的困窮のみならず、関係性の貧困や生活経験の乏しさを生み出します。日々の生活に懸命であるほど、地域の人や子育て仲間と出会い、交流する機会は失われ、母子が孤立することが案じられます。「我が子のことは人の手を借りずに自分で」という責任感を少し緩め、頼みやすい人、任せられる仲間を見つけることも必要ではないでしょうか。

　子育てのコストに対する家族責任の強さは、社会的支出を抑え、家族の費用負担を高めてきました。医療費、教育費を無償化し、子育ての費用を社会で担う合意ができている北欧諸国としばしば比較される点です。

　近年、児童虐待の背景に貧困問題が潜在している傾向が指摘されています。子育て世代の働き方を時間的にも経済的にも安定化させることなしに、子どもの命、権利、福祉は守られません。親の抱えている不利、困難を見出し、解消することが虐待防止につながると言えるでしょう。（藤原里佐）

Q78 「貧困」に陥る原因は、離婚による母子家庭の増加だけですか？

　「貧困」状態にある子どもは7人に1人だといわれていますが、周囲を見回しても貧困家庭の数がそんなに多いとは思えません。むしろ、わたしは保育所不足が貧困の原因ではないかと考えています。保育所が不足していると母親は働きに出られず、就労の機会を奪われてしまいます。わたしたち夫婦は、子どもをやむなく無認可の保育所に預けました。少子化が問題だとされながら、この国は子育て世代にけっしてやさしくありません。

ご夫婦で懸命に働き、子どもを育て、社会福祉制度やサービスの不備を家族の努力で補ってこられたことと思います。今、冷静に社会の状況を観察し、保育所不足と貧困の関係性に着目されたのですね。

母子世帯の子どもの貧困は社会的にも認知されてきましたが、子どものいる世帯全般の貧困化が進み、ふたり親家庭の子どもの貧困も顕在化しています。子どもの貧困は、親が必死で働くことや、子ども優先の家計を営むことで、「見えなくされる」傾向がありますが、修学旅行、高校受験、部活の遠征など、大きな支出になると支払いの見込みが立たず、子どもが参加できないという状況も学校現場では起きています。

働いても働いても生活が楽にならない「ワーキングプア」は、雇用格差のひずみを物語っています。非正規職員、契約社員の所得は低く抑えられ、昇給幅も小さく、時給・日給の給与体系では、体調を崩すとたちまち収入が途絶えます。所得の少なさを労働時間や深夜勤務で補おうとすると家族の生活時間が分断され、夫婦共働きを続けようとすると保育所待機問題に直面します。出産や育児で離職していた女性は、販売、サービス業、介護職などで再就職する場合も多く、夜間や土日祝日の勤務が求められます。認可型保育所の利用では対応できず、子どもの生活リズムに寄り添った働き方が難しくなります。24時間営業や休日設定のない大型店舗など、消費者への利便性やサービスを支えているのはパート労働者であり、その弊害は子どもにも及びます。

保育所不足の問題は、女性の社会参加や、キャリア形成の観点のみならず、子育て世帯の家族の働き方が制限され、貧困に接近するという点での議論が必要です。育休や育児期間中の時短勤務、子どもの病気や行事のための有給取得などの権利も、常勤・正規雇用者に限定されているものがあります。男女問わず、育児役割を担い、かつ、経済生活、社会生活に参加する条件と機会を公平に整えることが急務です。（藤原里佐）

Q79 「子どもの貧困」は日本の将来にどんな影響を与えますか?

> お金がない世帯で育てられた子どもはよほどの「神童」でもないかぎり、学費が安い公立の大学などへは進学できず、高校を卒業したら就職させるしかありません。わたしの息子もそうでした。勉強の機会を十分に与えれば、よその子なんかよりもずっといい成績を収め、大学の入試ぐらい軽々と合格しまう子どもだって少なくないと思います。貧困が優秀な子どもの将来を奪う現状は、日本の未来にとって大きな損失になるはずです。

　学びの機会があれば存分にそれを活かすことのできるお子さんを前に、悔しい思いされたことと推察します。義務教育では、基礎学力の定着を学校で完結せず、そのフォローを塾に委ねたり、学習内容の確認や拡充、測定も予備校の模擬試験や夏期講習など、費用負担が伴う外部機関に託す傾向がみられるようになりました。ご指摘の通り、優秀で意欲があっても、お金がなければ、「高学歴」になることはままなりません。

　貧困連鎖のメカニズムが明らかにされながらも、未だ社会的な解決や実効性のある政策が出ていないのは、政治や福祉・教育制度の脆弱さであると批判されています。一方で、身近に見聞きする、失業者や、心身の不調を抱え仕事に就けない人に対しては、努力不足や生活管理の不備、怠惰というレッテルを貼り、貧困を自己責任とみなす風潮があります。貧困に陥るのはその人個人に要因があるという見方が支持されている中では、福祉予算での貧困対策も足踏み状態になります。

　貧困は、それが一過性に留まらず世代間連鎖すること、一度貧困に陥るとそこから脱することが極めて困難である点が、「現代性」と言えます。貧困はいつの時代でもあったのだから、国の財源で支援するのは筋違いという主張は、妥当とは言えません。特に、貧困の中で育つ子どもは、自身に何ら非がないにも関わらず、生活経験や教育場面で不利を負い、その結

果、将来に希望を持つことや、安定した仕事に就くことが困難になり、次の世代の生活困窮を招くことにもなります。

　近年は、高等教育機会の保障をめぐる議論も出てきました。大学の諸費用を奨学金で賄うことを見越しての進学も多く見受けられますが、生活費を稼ぐためのアルバイトに追われ単位を取得できない例や、利子が加算され卒業後の返済に苦労するなど、進学後の負担も深刻化しています。乳児期からから青年期まで、子育てコストを家族任せにしない仕組みを作ることが今日的課題です。（藤原里佐）

Q80 「子どもの貧困」を社会で支えるってどういうことですか？

　「かわいそう」という言葉ならばいくらでも言えます。しかし、自分の子どもをさしおいて修学旅行に行かせたり、塾に通わせたりするような「あしながおじさん」はいませんし、望むだけでむなしく感じるひともいるはずです。何か手助けできることはないかと思いつつ、結局は何もできない自分もその意味では同じこと。見て見ぬふりをするのではなく、「子どもの貧困」を解消するためにわたしたちはいったい何ができるのでしょうか？

　子どもの貧困に対する国の対策として、2013（平成25）年に「子どもの貧困対策の推進に関する法律」が制定され、その具体的な支援策である対策大綱では、教育や学校に重きをおいた支援が特徴です。すなわち「学校を子どもの貧困対策のプラットフォーム」と位置づけてスクールソーシャルワーカーを配置拡充していくことや、奨学金制度の検討、学習支援の推進、保護者の就労のための学び直しなどの支援などです。

　こうした援助が学校という場を中心に展開されることは大きな意味があります。学校は、貧困対策のための「特別の」施設やセンターではなく、お父さんやお母さんも通った「普通の」「あたりまえの」場所だからです。

第4章　子どもと家族の貧困問題　121

子どもたちは、学校に行く事で目立つこともなく生活を支えていく援助に繋がっていきます。さらに将来的には、就学前の子どもたちについても、親の就労や所得に関わらず誰でも利用できる保育所・幼稚園・子ども園などを整備し援助に繋がっていけるようにしていくことが、貧困家庭の孤立を防ぎ育児不安や虐待の予防のためにも期待されます。

　さらに、上記の「対策大綱」における「官公民の連携等によって子供の貧困対策を国民的運動として展開する」という基本方針から民間資金を活用した「子どもの貧困対策基金」が新設されました。これについては、国民的理解や資金援助が拡充されるとして評価する意見と、子どもの貧困対策の根本的な解決策には「国の責任」として国が予算を投入すべきという意見が出ています。

　冒頭の貧困対策法が成立したのも、国民の「子どもの貧困は社会的に対応していくべき」という認識が高まったからです。貧困という問題は、その見え方によって、私たちの気持ちは「共感」から一気に「自己責任」や「親の責任」としての批判に転化してしまう性質をもっています。私たち一人ひとりが社会的公正の立場から、どのように子どもの貧困問題に向き合っていくのかが問われています。(岩田美香)

第5章

発達障害・子どものこころと環境

Q81 発達障害の子どもって何人ぐらい？

1週間まえに乳幼児健診を受けに行きました。1歳8か月になるうちの子どもは発育もよく、とくに問題はないのですが、ママ友とのあいだでは発達障害の話題が多く、乳幼児健診だけでは見落とされてしまうことが多いという話も聞きました。うちの子はやや言葉が遅かったせいもあり、毎日のように成長していくわが子を見ながら「もしかしてうちも？」と不安になってしまいます。日本ではどのくらいの子どもが発達障害児なのですか？

発達障害の人の割合は、さまざまな種別や程度も含めて人口の10％くらいとも言われていますが、現在日本に発達障害の子どもがどのくらいいるのかという、はっきりとした数値についてはわかっていません。発達障害のある子どもの割合を示すものではありませんが、発達障害の可能性のある特別な教育的支援を必要とする児童生徒の割合については、公立の小中学校の児童生徒を対象とした実態調査により示されています。その調査から、学習面や生活面において何らかの困難がある子どもが、通常の学級に約6％程度の割合で在籍している可能性がわかりました。これは通常の学級の約15人に1人、1クラス2〜3人の子どもが特別な支援を必要としていることを示しています。

発達障害という言葉を耳にする機会が増えましたが、それは発達障害そのものが増えたというよりは社会の認識が広がり、気づかれることが多くなったことが要因として考えられます。また社会が複雑化し、社会や学校に適応することが難しくなったために、障害としてあらわれているともいわれています。ここ10年くらいは、発達障害の診断は子どもだけに限らず大人にも広がってきています。

大人の場合、職場の人間関係や家事をうまくこなせないなど、職場や家庭での生活のしづらさの背景に発達障害が関係していることがわかってき

ました。つまずきの要因となるミスの多さや対人コミュニケーションの難しさなどは発達障害の特性によるものであり、本人の努力やがんばりだけではうまくいかないことが多くあります。周囲が発達障害の特性を理解し、それに合わせた工夫や配慮をすることで、発達障害の特性が目立たなくなり、生活のしづらさが軽減されます。子どもの場合においても、障害の有無というよりは、その子の特性に合った環境や関わりがどのようなものであるのかを考え実行していくことが、その子の生活のしやすさにつながっていくのだと思います。（福間麻紀）

Q82 どんな子どもが発達障害なの？ 何歳ぐらいまでにわかりますか？

　3歳になる子どもの母親です。はじめての子育てなのでわからないことばかりです。発達障害の子どもたちは、呼びかけても反応しなかったり、あまり笑ったりしないと聞きました。子どもが成長していくとほかにも違った特徴を示すようになってくるのでしょうか。知り合いの話では、5歳ぐらいにならないと発達障害かどうかの見極めはむずかしいとも聞きました。何歳ぐらいになると自分の子どもが発達障害なのかどうかわかるのですか？

A 発達障害は特性によって主に「自閉症スペクトラム（ASD）」「注意欠陥多動性障害（ADHD）」「学習障害（LD）」の3つに分類されます。

　ASDは従来の自閉症とアスペルガー症候群が含まれた自閉症の総称です。主な特徴として、対人関係や社会的コミュニケーションの障害、興味関心の限定やこだわり行動などがあります。具体的には、人との関わりが一方的、相手の気持ちを理解することが難しい、新しいことや見通しのつかないことをいやがる、などがあります。ADHDは不注意、多動性、衝動性の3つの特徴があります。忘れ物が多い（不注意）、じっとしていることができずしゃべりすぎる（多動性）、気になったらす

第5章　発達障害・子どものこころと環境　　125

ぐに行動してしまう（衝動性）などの行動が当てはまります。LDとは知的な遅れはありませんが、読むことや書くことに困難があることが特徴です。これらの3つの障害は重なりあっていることも多く、診断が難しい場合があります。またこれらの特徴はあくまでも一般的なものであり、その子どもによって特徴にも違いがあります。

　発達障害は生後すぐに診断がおりることはほとんどなく、年齢が進むにつれて特徴が現れてきます。また障害の種類によって見極められる年齢も異なります。乳幼児期に視線の合いにくさや突然走り出すなどの行動から違和感をもつことがありますが、それが発達障害であると断定するにはもう少し様子を見る必要があります。3歳くらいになって、保育園や幼稚園などの集団生活がはじまると、ASDの特性である社会性やコミュニケーションの障害に気づくようになります。園や3歳児健診で指摘を受けることもあります。ADHDは4歳くらいから特性が顕著に現れてきますが7歳頃にはっきりととらえられることが多いようです。LDは読み書き計算がはじまる就学後に気づく場合がほとんどです。（福間麻紀）

Q83 どこに行けば正確な診断を受けられますか？

　熱を出したときも乳幼児健診もたいていは近くの小児科クリニックに行けば用が足りてしまいます。ただ、発達障害の診断ともなると専門の医療機関へ行かなければならないと聞きました。教えてくれたママ友も詳しいことはわからず、ネットで調べてもチンプンカンプン。小児科の先生は、「お宅のお子さんは心配しなくても大丈夫」と言うばかり。できれば専門の医療機関がどこにあるのか、場所ぐらいは知っておきたいと思っています。

　発達障害の場合、発達の初期の段階から適切なサポートを受けることは、お子さんの発達を促し、発達障害の特徴が引き起こす二次障害を防ぐうえで非常に大切です。子

育てに大変さを感じた場合などには、次のような相談機関に相談してみましょう。

　最も身近なのが地域の保健センターではないでしょうか。保健師、看護師、管理栄養士、歯科衛生士、理学療法士などに加え、医師や心理発達相談員などが配置されているところもあるので、様々な角度から相談にのってもらえるとともに、発達障害かどうかの診断ができる医師がいる医療機関を紹介してくれます。乳幼児健診の時などに相談できるのも利点です。同様に、児童心理司や医師などがいる児童相談所でも相談できるとともに、医療機関を紹介してくれます。

　発達障害に関する相談に特化しているところとしては、発達障害者支援センターがあります。診断のできる医療機関の紹介はもちろんのこと、保健・医療・教育・福祉などの機関と連携を取りながら、継続的に相談に応じてくれます。ただ、センターによって対象年齢や事業内容などが異なるので、まずは地域のセンターを調べてから相談しましょう。

　発達障害の診断は、病院や診療所の精神科、小児科、児童精神科、心療内科などの一部で受けることができます。加えて、病院や診療所によって診断できる障害が限定される場合もあります。例えば、ASD や ADHD は診療できるが、LD はできない場合などがあります。また、病院の多くでは紹介状が必要な場合が多いので、これらについても相談機関で確認してから受診しましょう。なお、医療機関以外では、児童発達支援センターなどで知能検査や発達検査をうけることはできますが、診断は医師のみが行えます。（小笠原恵・髙良麻子）

Q84 発達障害の何が問題なのですか？

基本的な質問です。最近よく耳にする「発達障害」。うちにも2歳の子どもがいるので発達障害がどんなものなのか知りたいと思います。発達障害は、集中力が維持できなかったり、コミュニケーションに問題を生じさせたりする障害だという話ですが、子どもを産むまで働いていた職場にもそういった人はいくらでもいました。それでいてとくに問題は起こさず、「ちょっとかわったひと」といった程度のあつかいを受けていただけでした。

あるアスペルガー症候群の男の子は、運動会で使う太鼓の音を聞くと頭がガンガン鳴り、心臓が暴れだして、耳が切れてしまいそうになると言って、練習のある日に学校を休むようになりました。また、あるADHDの大学生の女の子は、ひとり暮らしをはじめたとたんに、授業に間に合うように家を出ることができなくなりました。家を出ようとしたときに、昨日やりかけた課題が気になり、パソコンを開けたら、大好きな芸人のニュースが載っていて、それを読んでいるうちに、気がついたら夕方になっていた、という感じだそうです。読字障害のある小学1年生の男の子は、国語の教科書を何回練習しても間違えずにすらすら読むことができませんでした。

もしこの子たちが、わが子だったら何と声を掛けますか？ アスペルガー症候群の子には「そんなの何でもない。我慢して学校に行きなさい」と言いますか？ しかし、我慢できないから彼の体は1歩も動かないのです。これを無理やり連れて行けば、たぶん彼は連れて行った大人を信用しなくなりますし、運動会の練習のない日も学校に行けなくなるかもしれません。ところが、太鼓の音が聞こえないようにイヤホンで音楽を聴きながら練習してもいいことにすると、練習に入ることができました。ADHDの女の子は、毎晩お母さんに次の日の予定を話して、次の朝出かけるまでの予定をSNSで送ってもらうようにしたところ、授業に間に合う確率が

上がりました。読字障害のある男の子は、お母さんといっしょに教科書を1文字ずつ指でたどって読み練習していた時は、どうしても間違えてしまい、最後には教科書を放り投げていました。ところが、おかあさんが1文読んでそのあと繰り返す、という練習をしているうちに、1字1句覚えてしまいました。

発達障害は問題ではありませんが、生活のしづらさがあります。そこに適切な配慮や工夫をすることによって、生活に適応するばかりか自身の素晴らしい力を発揮していきます。（小笠原恵）

Q85 発達障害になる原因として考えられることはなんですか？

妊娠5か月ぐらいからわかるとされる胎児の性別や染色体の異常。性別はともかく、エコー検査で「異常なし」と診断されたときの安堵感は言葉につくせません。不安に思うのは、エコー検査や羊水検査などではわからない障害です。なかでも発達障害は妊娠中のストレスが胎児に影響すると聞きました。女性にとって妊娠は、大きな喜びと同時にさまざまなストレスも生じさせます。発達障害になる原因や予防法などがあれば教えてください。

現在、発達障害の原因は脳の微細脳機能障害であるといわれています。これは、脳に何らかの機能障害があるけれども、そのどの部位にどのような障害があるのか、わからないという意味です。今後、研究が進み、その障害における詳細な状況が明らかになってくる可能性はありますが、今の段階では特定されていません。ですから、妊娠中、お母さんが過度のストレスを受けることよって、生まれてくる子どもが発達障害になるわけではありません。妊娠中に母体がストレスを受け、血液の流れがうまくいかなくなると、胎児への栄養不足などが心配されますが、今のところそのことがイコール発達障害の原因とはいえません。ただし、胎児が栄養不足などになると、そ

の後の発育に影響がないとはいえません。体の変化やホルモンバランスの影響、出産への不安から、妊娠中はストレスを受けやすくなりますが、お母さんが十分な栄養を取りゆったりした気持ちで規則正しく生活することが大切です。

　さて、Q84においても触れましたが、発達障害はそれぞれに生まれながらの生活のしにくさがあります。これを一次障害といいます。Q84の例だと、太鼓の音を過度に不快に感じる過敏性や注意が点々としてしまう、音読が苦手というのは一次障害です。これらは、基本的には変わりにくいものです。しかし、だからといって不登校の状態になったり、授業に遅刻したり、国語の授業がわからなくなるのは、本来避けることのできる二次障害です。このような二次障害が重なることによって、情緒面や身体面にも影響が出ます。太鼓の音を我慢させたり、上手に読めるまでひたすら練習を繰り返すという一次障害を無視した対応を行うと、本人に過度な負担を強いることになります。周囲がその子の一次障害を理解し、そこにどういう工夫や配慮をするのか考えていくことは、子どもの二次障害を防ぐうえでもとても重要になります。（小笠原恵）

Q86 自閉症と発達障害はどう違うのですか？

　わたしの兄は自閉症です。すでに30歳の誕生日を迎えました。5歳年下のわたしは、自閉症が遺伝するものと考えて結婚をあきらめていましたが、3か月ほどまえからつきあいはじめた男性と結婚したいと思うようになりました。この男性にも兄の障害については話してあります。自閉症ではないにせよ、自分たちの子どもが障害をもっていたらどうしようかといつも不安になってしまいます。知的障害との違いや遺伝についても教えてください。

2005（平成17）年に施行された発達障害者支援法においては、自閉症・アスペルガー症候群、LD（学習障害）、ADHD（注意欠陥多動性障害）などを「発達障害」と総称しています。この法律では、知的障害を対象としていませんから、狭義では知的障害は発達障害に該当しません。しかし、自閉症やADHDのなかには、知的障害を伴う者も多数含まれます。では、知的障害と知的障害を伴う発達障害はどのように違うのでしょう？　知的機能には、さまざまな能力が含まれます。たとえば、言語の理解力や表現力、記憶、推理する力、想像力、数概念、作業能力などたくさんあります。知的障害も発達障害もいずれも症候群ですから、子どもによってその能力は異なりますが、多くの知的障害の場合には、こうした様々な能力の発達が平均的に遅れています。一方で、発達障害の場合には、能力に凸凹があります。非常に優れている能力もあれば、極端に落ち込みがみられる能力もあります。こうした能力の違いは、学習方法にも影響を与えます。知的障害の場合には、学習する場合に、できる限り具体的に経験に基づいて繰り返し行うと身につくことが多くあります。発達障害の場合には、単純な繰り返しだけでは身につきにくいこともたくさんあります。その人の強い能力を使いながら、弱い能力を補うような学習方法が有効です。

　知的障害の原因はさまざまで、その8割が不明です。しかし、一部には遺伝性の疾患があることがわかっています。ただし、これは単純にその障害が「親から子に遺伝する」という意味ではありません。遺伝性疾患のほとんどは正常な遺伝子や染色体が突然変異を起こすことによります。その原因は今のところ明確にはなっていません。一方、発達障害においては、遺伝の確率は明確になっていません。自閉症においても、双生児研究や家族間での一致率に関する研究が活発に行われてはいますが、現段階で医学的な結論には至っていません。（小笠原恵）

Q87 発達障害は治らない？治療法はあるの？

先日、妹の子どもをわが家で預かりました。甥の年齢は4歳です。うちにも6歳の男の子がいます。性格の違いはもとより、甥の行動はうちの子どもとはずいぶん違って落ちつきがなく、呼びかけてもふり向いてくれません。「発達障害」の検査を妹にすすめてみようかとも思うのですが、甥とはわずか半日ほどの時間をすごしただけなので、妹を必要以上に心配させたくありません。まずは治療法などについて知っておきたいと思います。

　たとえば、インフルエンザはウィルスが原因です。そのウィルスに効果がある薬が開発されているので、服薬することによってインフルエンザは治ります。しかし、原因がわかっていない発達障害においては、このような根治する治療法は開発されていません。発達障害者に対して薬が使われることがありますが、それは全て対症療法としての投与です。ですから、発達障害であるだけで薬が処方されることはありません。必要な対応や環境の調整をして、それでも本人の苦しさや環境との不適合が増しているときは、薬を使うという選択も必要です。たとえば、本人にとって生活のなかで不快なことや受け入れがたいことが多く、自分を傷つけたり、周囲の人に手が出てしまうような場合です。担当医師と相談して、本人と家族の状況を鑑みて調整をしていきます。

　発達障害への支援については、Q84においても少し述べましたが、本人の生活のしづらさに対してどのように工夫していくのか、あるいは周囲がどのような配慮をすればいいのか考えていくことが中心となります。そのためには、小さい頃から、本人の苦手なことや得意なこと、物事の理解の仕方や行動特徴などを周囲が理解し、一貫した支援を行っていくことが重要となります。たとえば、複数の情報を同時に処理することは得意だけれど、順番に出された情報を処理することが苦手な場合、工作で何かをつく

るときに完成図を最初に作ったほうが取り組みやすくなります。漢字の学習にも、「へん」と「つくり」に注目したり、その漢字のイメージや組み合わせを教えると覚えやすくなります。たくさん覚えることが苦手な子には、具体的な指示を一つずつ出すほうが言われたことを遂行しやすくなります。それぞれの子どもの特徴に応じた支援を組み立てるためには、専門家の力を借りることも必要です。いわゆる療育機関や通級による指導を受けながら、子どもの支援をつないでいくことが効果的です。（小笠原恵）

Q88 これからも通常学級で学ばせるべきですか？

うちの子どもは発達障害です。病院で「アスペルガー症候群」だと診断されました。小学生になってすぐ、担任からコミュニケーション能力の問題を指摘され、検査することになりました。担任は、「障害があっても支えていく」と言ってくれていますが、発達障害はいじめの原因になることが多いという話も耳にします。担任は誠実なひとですが、学校の支援体制については不安があります。むしろ特別支援学校へ通わせるべきですか？

家庭と学校がよく対話をし、子どもさんを支えていることが質問からも伝わります。近年は、「発達障害児」「アスペルガーの子ども」というように、障害を総体として捉えるのではなく、「コミュニケーションに難しさがある」「他者と共感関係を持つことが苦手である」など、ある場面において支援が必要な子どもという見方をするようになりました。専門的な知識に基づき、支援者が個別的に関わることで、集団への参加や適応もスムースになることが想定されます。

現在の担任は、非常にサポーティブで、子どもさんの特性を理解されていることと推察します。しかし、学年進行に伴い先生が代ることや、中学校進学時のことを考えると、このままでよいのかどうか、迷いが生じるの

も無理のないことです。

　特別支援教育は、障害のある子どもを通常学校や通常学級から分けて、別な場所で教育することを意図しているわけではありません。一人ひとりの子どもの力を最大限伸ばし、学校生活のリズムの中で、仲間との交流や協働の経験を重ねていくためには、どこで学ぶことが望ましいのかを柔軟に考え、実践していくことが特別支援教育のめざすところです。

　普通学級に所属し教科によって特別支援学級に通級することや、特別支援学校に在籍しつつ、定期的に校区の普通学校に通うことも可能です。普通学級か特別支援学校かという二者択一ではなく、状況に応じて、教育課題に沿って、学びの場を広げていくことも検討されてよいのではないでしょうか。

　また、地域の発達支援センターでは、言語、療育、心理面などの相談や支援が担われています。地域の社会資源の情報を得ることで、必要に応じて医療や福祉の支援に繋がることもできます。さらに、地域の放課後ディサービスなどを利用することは、仲間と交流する機会にもなります。学校生活と並行し、少しずつ社会参加の場面を増やしていくことで、お子さんの世界が広がることが期待できると思います。（藤原里佐）

Q89 正直、子どもの将来を悲観しています

　「学習障害」の息子をもつ母親です。まだ小学1年生ですが、息子は算数が苦手なのでこれからの授業について行けるかどうか不安です。「学習障害」などの発達障害には有効な治療手段がないといわれています。息子の将来を考えると心配でなりません。産んだわたしとしても責任を感じてしまいます。発達障害をもつ子は、思春期などに不登校やひきこもりになる可能性もあるらしく、最近はあまり将来のことを考えないようにしています。

子どもさんの状況を客観的に把握し、将来のことを真剣に考えている様子が分かります。現代医学では、学習障害の原因が解明されているとは言えませんが、妊娠・出産の経過や、育児方法が要因ではないことは明らかです。しかし、ともすれば周囲は暗に母親を責め、しつけや養育態度に非があるかのように発言し、家族を追い詰めているのではないでしょうか。障害を持つことや、その家族になることは、誰にでも可能性があります。それゆえに、障害者の困難を個人の問題に留めず、社会全体での理解や解決が不可欠になるのだと思います。

　発達障害全般に関して、早期の適切な医療、療育、教育は、障害症状を和らげ、子どもの発達を促すことにも繋がります。子ども自身の生きにくさが少しでも解消するようにという観点からも、専門的機関での相談や支援を受けることが有効です。

　お子さんは算数が苦手とのことですが、小学１年生ですと子どもの集中力も短く、個々の発言や動きも多様で、一斉授業で、みんなが「分かった！」という段階に持っていくことは容易ではありません。四則計算などは、個別指導により意欲や理解力も高まりますので、ティームティーチングなどの態勢について、学校と話し合いの場を持つことも必要です。学びのサポーター、スクールソーシャルワーカー、心の相談員など、教員以外の支援者と連携を図ることも大切になります。今日、いじめや不登校など、学校生活に伴う様々な不安要因があることは否めませんが、地域で子どもを見守るネットワーク、子どもの個性を尊重し、支援する組織も芽生えています。

　成人期を迎えた発達障害者は、就労、結婚、子育てなど、種々の経験を通して、自分の道を見つけ、社会参加を果たしています。生活をサポートする、様々なツールや社会資源も拡充してきました。子どもさんに適した学びのスタイル、信頼できる支援者、落ち着ける居場所をゆっくり探していくことが大事であると思います。（藤原里佐）

第５章　発達障害・子どものこころと環境

Q90 発達障害の子どもに「協調運動」を学ばせるコツはありますか？

中学時代からの好きが高じていまでは子どもたちにサッカーを教えています。名門クラブとは違って、あくまで地域のサッカーチームにすぎませんが、小学生ならば女の子でも参加できる自由なチームです。みんなでゲームを楽しんでもらえれば、うまいもへたもありません。ただ、保護者から「発達に障害がある」と言われた子どもは取り組む練習にかたよりがあり、協調運動が苦手です。教え方にコツはありますか？

協調運動とは、手と手、手と目、足と手などの個別の動きを一緒に行う運動で、粗大運動と微細運動があります。粗大運動は、移動と姿勢に関する全身を使った運動です。歩いたり走ったりすることから、サッカーなどのスポーツ、自転車などが含まれます。一方、微細運動は主に指先などの小さな筋肉を使う運動です。字を書いたり、お箸を使う、手芸などが含まれます。こうした協調運動に課題をもつ発達障害児は少なくありません。また発達性協調運動障害といった、日常生活における協調運動が、本人の年齢や知能に応じて期待されるものよりも不正確であったり、困難であるという障害もあり、他の問でも述べているASDやADHD、LDと重複することもあります。

協調運動が苦手な子には、いきなり複数の運動を同時に行わせるのではなく、できる限り細かいステップを踏みながら、一つずつ動きを獲得することからはじめることが効果的です。サッカーであれば、走りながらボールを蹴る練習からはじめるのではなく、大人に投げてもらったボールを蹴るという動きの習得からはじめる、といった具合です。基本的な動作から徐々に動きと動きに統合が必要な運動へとステップアップしていきます。

また一口に協調運動が苦手といっても、子どもそれぞれに苦手な部分は異なります。やる気を保ったうえで練習を続けていくためには、子どもの

比較的苦手としない動きから習得を目指した方がいいでしょう。そのためには、保護者や本人との話し合いが大切になります。

　発達に障害のある子どもたちは、自分の苦手さからできないことを繰り返し練習させられることによって失敗経験を重ねてしまうことは少なくありません。失敗経験が重なると、自己評価が下がり様々なことにチャレンジしようとすることが減ってしまったり、逆に自暴自棄になってしまい乱暴な言動が目立つようになったりします。成功経験をいかに増やしていくのか、工夫することが大切です。（小笠原恵）

Q91 小学生の子どもがうつ病になるってほんとうですか？

子どもはいつも自由闊達です。おもしろければお腹を抱えて笑い転げ、嫌なことがあればどこでも遠慮なく泣きはじめます。感情を適度に抑えながら生活するおとなたちとはまったく違います。働き盛りの人たちを自殺に追い込むうつ病は、抑えつづけた感情がストレスとなってこころの奥底にたまり、気分や体調に影響を与えるものだと思っていました。ふだん自由にふるまっている子どもでもうつ病になることがあると知り、驚いています。

　1980（昭和55）年以降医療診断基準が明確になると小学生でも「うつ病」という診断を受ける子どもが増加してきました。北海道大学の調査では、抑うつ傾向を示す小学生は 7.8％、中学生 22.6％（男子 9.8％・女子 15.8％）であったとされています。また、ある調査によると公立小学校に在籍する 4・6 年生を対象とした調査では、11.6％（男子 10.0％・女子 13.5％）に抑うつ傾向があり「よく眠れない 16.8％」、「やろうと思ったことが上手くできない 15.5％」「すごく退屈な気分がする 11.8％」という結果が出ています。

　うつ病の主な症状は気分の落ちこみ（抑うつ感）、喜びやうれしさ、興味関心の喪失が主な症状です。不安が強く、不眠、食欲減退を訴える子ど

ももいます。さらに集中力が持続せず、激しい疲労感に襲われる子どもたちもいます。こころの不調も身体症状に現れることが多いようです。

しかし子どもの場合、抑うつ感などの気分の変調は中学に入学する前後になって初めて自覚されてくるものですし、大人と同じ「うつ病」の症状を自覚できるのはもっと年齢が進んでからだと思われます。子どもたちのこころは、大人以上に環境に影響を受けやすいものです（環境依存的）。そのため、うつ病を疑われた小学生の中には身体症状を医療機関で丁寧に診てもらったり家庭や学校で保護者や教員に丁寧に寄り添ってもらうだけで、うつ的な症状が改善したケースも少なくありません。

昨今、医療機関では「うつ病」の診断をつけることも多くなったと感じていますが、診断を受けた子どもたちは、自分で努力して困難を乗り越えることをあきらめることも多く、また家族や学校は、必要以上に養育に神経質になりがちになるような気がします。

ただし、身体不調を繰り返す、抑うつ感が著しく自死念慮が強い場合や虐待やいじめなどの強いストレスを受けている場合、家族に自殺者がいる場合は将来うつ病を発症する危険も高く、信頼できる児童精神科医の診断を受けることが重要と思われます。（小野學）

Q92 発達障害とうつ病の関係について教えてください

わたしは小学3年生を担任する教員です。クラスの生徒たちにはクラスに在籍するA君の障害を伝え、みんなそれなりにA君が苦手なことを理解してくれているのですが、まわりが気をつかえばつかうほどA君自身は友だちの輪から遠ざかり、孤立してしまうようです。最近では遅刻や欠席が多くなり、給食も半分は残してしまいます。保健室の先生によれば、うつ病の可能性が疑われるとのことでした。発達障害とうつ病の関係について教えてください。

子どものうつ病は、注意欠如・多動性障害（ADHD）や自閉症スペクトラム障害などの発達障害と併存することが多いと言われています。児童期にうつ病を発症した子どもたちの約半数が、注意欠如・多動性障害（ADHD）を併存していたという報告もあります。

　特にADHDを持つ子どもたちは、その衝動的な行動、かんしゃくや認知特徴から周囲に理解してもらえず、就学前の保育園や幼稚園時代から失敗を繰り返し、否定的な言葉を支援者や友人から浴びせられて育つことが多くなり、いわゆる「自己有用感」が低下しがちです。また彼らは自分の気持ちや考えを言葉で伝える（表出する）ことが困難なことが多く、そのためさらに周囲から厳しい叱責を受けたり、誤解されたりすることも多く、ますます失望や強い挫折感を持つようになります。

　自閉症スペクトラム障害を持つ子どもたちの場合は、感覚の過敏性があり、不安の中で生活していると考えられます。さらに、ある自閉症スペクトラムの子どもが「小学校低学年までは、薄暗いトンネルの中にいた」と述べているように、状況の把握困難も加わり、親や支援者からの情報を受け取りにくい状況が生じているようです。また時には自分の思い込みを加味し、偏った形で情報を解釈してしまい、そのことで周囲とのズレが大きくなり、不安が増悪していきます。このような状況が継続すると彼らは対人交流を避け、危機的な状況に陥らないように「孤立」を選択して安定を図ろうとします。

　ADHDや自閉症スペクトラム障害を持つ子どもたちのいずれも、社会との関係性の中でつまずき、抑うつ状態に陥っていくことが多いようです。

　彼らがみせる反抗的で強情な言動や行動、対人交流を回避するような行動の裏には、辛い悲しみや戸惑いや不安があり、周囲に容認されない行動でしか自分の気持ちを表現できないのだととらえ、安心感を与えるような支援を継続することが大切になります。（小野學）

第5章　発達障害・子どものこころと環境　　139

Q93 子どものうつ病で考えられる原因は何ですか？

いじめや虐待ばかりではなく、子どもにもさまざまなストレスがのしかかってくる時代です。好奇心を満たしてあまりある知識におぼれかけ、親の過剰な期待や愛情ですら身体を沈ませるおもりになってしまうともいわれています。とくにひとりっ子は、家に帰っても遊び相手がおらず、ストレスを十分に発散させてやることができません。子どもをうつ病にする原因がこのほかにもあるのなら、なるべく多く取り除いてやりたいと思います。

Ⓐ うつ病がなぜ発症するのかという原因はよくわかってはいません。「環境要因」「身体要因」が重なって発症すると思われます。

　日頃から学習や運動を適度にこなし睡眠が十分であれば神経伝達物質と呼ばれるセロトニンやアドレナリン、ドーパミンなどが神経細胞間で円滑にやり取りされています。しかし何らかの病気や思春期以降にみられる身体の変化、慢性的な疲労、対人関係、事故や病気などの大きなストレスがあると、神経伝達物質の流れに大きな滞りが生じ、学習面や運動で失敗も多くなります。すると心配や不安がさらに増悪しさらに大きなストレスがかかるといった悪循環に陥り、激しい疲労感や思考停止状態を生み出し「うつ病」が発症すると考えられています。

　また性格も大きく影響すると考えられています。まじめで周囲に気を使い、義務感が強く、学業やクラブ活動にがんばって取り組む完璧主義の傾向が強いタイプや、周囲の大人や友人に気を使うタイプ、さらに環境の変化に敏感に反応しやすく少しのことに激情することが多い性格の持ち主が発症しやすいとも言われています。また、困ったことや分からないことを他者に相談できず心の中にため込んでしまうタイプのお子さんもストレスをためやすく注意が必要です。

　子どもは多くの場合、環境面の課題が改善していけば、うつ症状は改善

していくことも少なくありません。子どもの生活する環境要因がうつ状態に大きな影響を及ぼしているのです。

一方、子どもたちが抑うつ状態を示している場合、気を付けなければならないこととして「自殺」との関連があげられます。10歳以上の自殺者のうちのほとんどが大うつ病疾患を含む気分障害であったという報告もあります。さらに発達障害の有無もうつ病の発症に大きなかかわりを持っていますので、支援者は子どもたちの行動特徴を把握するとともに、子どもに寄り添い信頼関係を築き生活環境も丁寧に把握する必要があると感じています。(小野學)

Q94 こころの病気になった子どもが入院できる病院ってどんなところ？

12歳になったばかりの姪っ子がうつ病になってしまいました。いまはクリニックに通って治療を受けています。しかし、学校に戻れるめどは立っておらず、病状も安定していないという話です。うちの主人によれば、「子どもでも入院治療が受けられる」そうで、姉にも提案してみようかと思っているのですが、偏見を承知で言えば、精神科病院の印象はあまりよくありません。子どもを安心して入院させられる病院があれば教えてください。

発達障害や子どものうつ病、虐待、不登校、摂食障害、非行、被災など子どもの問題が増加している現状をふまえ、厚生労働省は2008（平成20）年より国立成育医療研究センターを中央拠点病院として「子どもの心の診療ネットワーク事業」をスタートさせ、全国に主導的な役割を担う拠点病院を整備してきました。2017（平成29）年現在、都道府県に21の拠点病院が整備されています。さらにオブザーバー参加の3病院が登録されています。

拠点病院・オブザーバー参加病院は、療育現場の医療従事者を対象とした専門家の養成と研修、専門家の派遣、支援技術の提供を行うとともに子

どもの精神保健のための電話相談も行っています。

　またこれらの病院は、地域の一般病院から患者の紹介を受けて診療支援をするほか、児童相談所、保健所、発達障害者支援センター、療育センター、福祉施設、学校、警察などからの情報提供によって、きめ細かな医療支援を行い、子どものこころの疾患治療のためのセンター的機能を果たしています。

　拠点病院の児童精神科は「こころの診療科」などと名称を変更し、子どもや保護者が受診しやすいようにしているところもあります。これらの病院では、保護者や子ども本人の問診の他、必要に応じて学校関係者からの聞き取りも行われ、子どもが育ってきた環境を調査するとともに、血液検査、脳波検査、CT や MRI 検査、脳の血流量検査などの生理学検査の他、発達検査、知能検査などの心理検査の実施、運動機能の検査を行い、アセスメントを保護者や関係機関と共有し支援方法を検討してくれます。

　さらに受診した子どもやその家族が安心して治療を受けられるように、医療コーディネーターも配置され、治療方法や病院のシステムなどを丁寧に説明し、様々な相談に応じている病院も多くあります。

　なお、子どもの入院に関しては、医師と家族、本人で十分に話し合い納得したうえで入院治療をすることが大切です。(小野學)

Q95 子どものこころの病気について教えてください

　小学 5 年生のひとり娘をもつ父親です。そろそろ思春期にさしかかり、いずれは「うざい」なんて言われるようになるのかもしれません。娘との関係をこじらせてしまう前に勉強しておこうと思い、いろいろと調べてみたところ、思春期の子どもは「摂食障害」「不安障害」「統合失調症」などになりやすいと言われていることが分かりました。どのような病気なのでしょうか。

「摂食障害」「不安障害」「統合失調症」を紹介します。

摂食障害には拒食症と過食症があります。ここでは拒食症を説明します。拒食症の人は、過度な絶食、または自己誘発性嘔吐や下剤を使用して排出行動を繰り返すなど痩せるために過激な行動をとります。このような行動は自己イメージと現実の体の様子にずれを生じているためと考えられ、周囲が「痩せすぎだよ」と注意をしても本人はまだ太っていると思い込んでいることが多いようです。この病気は10代から20代の女性に発症することが多く身体的障害のほか精神的な障害を引き起こすこともあります。

治療は本人の強い抵抗にあうことが多いのですが食事管理や薬物治療、認知行動療法や家族療法が行われます。

また思春期には「不安」を訴える子どもたちも増加します。自分の生活環境をある種のフィルターを通して解釈してしまい、些細なことを過大評価して自分では気持ちをコントロールできない状況になります。自分の存在が脅かされ、何か居場所がないような浮動感、胸をしめつけられる不安に襲われることもあります。思春期以降では「自分は臭いにおいを発して友人に嫌われている」と思い込むなどの思春期妄想症を引き起こすこともあり、引きこもりの原因となることもあると言われています。

統合失調症は、自分のこころと他人のこころの境がなくなった状態です。そのため「自分のことがみんなに筒抜けだ！」と不安にさいなまれます。また統合失調症の患者の中には外界の情報を処理する過程で大切な情報と些細な情報の評価が混乱し、些細なことを過大評価して自分に結び付け、あたかも自分が攻撃されていると勘違いしてしまい、集中力を失い作業効率も落ち社会的生活をおくるのが困難になる場合もあり、入院治療が必要になることもあります。統合失調症は10代後半からが好発期です。しかし患者の病識が希薄で受診することが少ないため兆候となる症状を把握できにくく重症化しがちです。（小野學）

Q96 外国人の子どもが転校してきました

日曜日に近所のスーパーへ行くと、外国人の親子がまるでケンカをしているかのような大声で話す姿を見かけました。週明けにその子どもが息子のクラスに転校してきたそうで、スーパーでのようすを思いだした息子は怖くなり、仲良くなりたいけれど声をかけられない状態です。日本でも外国籍の子どもが増えていると聞きますが、親としてはどのようにアドバイスをしたらよいか、また親同士はどうつきあっていけばよいのか教えてください。

在日外国人の方に関わる相談をうけたとき、まず「私たちが外国に行って生活をする場合」を考えてみていただきたいと思います。外国に行ってみると日本の生活習慣とかけ離れていること（カルチャーショック）があればびっくりしますが、無意識に日本で慣れ親しんだ習慣を守りながら生活をするのではないでしょうか。徐々にその国のことがわかってくると、「郷に入りては……」という気持ちも芽生えてくるかもしれません。

日本社会に入ってきた外国の人の様子を見て、「言葉もわからないし、大きな話し声で、なんだかケンカしているみたいで怖いな。そういえばニュースであの国の話題が出ていたけど……」と、先入観で新しい隣人を眺めてしまうこともあるでしょう。また、外国人の親が仕事に追われていたり、学校行事がわからないために、懇談会や授業参観に来ることができないと、ますます近寄りがたいと思うでしょう。でも彼らは内心不安で、学校のことや日本のことを聞ける人を求めているかもしれません。

また、成人後に外国の言葉を習得するのは大変です。子どもたちは学校生活を通して「話し言葉」をどんどん習得していきますが、親御さんは取り残されてしまいがちなので、懇談会での通訳や学校のお知らせの翻訳など、学校側の配慮も必要でしょう。

さらに、子どもの立場に立って学校生活を考えてほしいと思います。先生や友だちが何を言っているのかわからない、教科書は読めない、できたのに答えを日本語で発表できない……そんな状況で長い一日を過ごしていたら、その子は学校を楽しいと思えるでしょうか。つまらなくて、授業中つい立ち歩くこともあるでしょう。すると、落ち着きがなく発達に問題がある子、クラスのまとまりを乱す子と言われがちです。さらに不登校になりやすいこともあります。親御さんが孤立してしまうことも考えられます。

まずはこちらから「こんにちは」「ようこそ」と声をかけて、受け入れていくことからはじめてはいかがでしょうか。（中條桂子）

Q97 スマートフォンをもたせるならルールはどうすればいいですか？

この春、中学生になる娘がいます。かねてからほしがっていたスマートフォンを進学祝に買ってあげようと思っているのですが、友だち同士とのおしゃべりだけならばまだしも、インターネットは顔さえ知らない相手とも交流できてしまうため、使い方によっては危険がともなうともいわれています。ネット依存になって睡眠時間が減り、授業中に居眠りされても困ります。買い与えるにあたり、どんなルールを決めておけばよいのでしょうか？

使用時間や使途の制限（〇時以降かつベッドでは使わない、機能制限やフィルターを使うなど）をルール化してメモにし、守られなかった場合の対応も決めることが望ましいですが、時に、その後なし崩しになりがちです。「このスマートフォンは親のもの。子どもは借りて使う立場」とする方法もあります。しかし、特に中学生以上では子どものプライバシーも尊重する必要があり、過度な管理をすると子どもは親に監視されない方法やツールを探し、隠し事や秘密が増え、トラブル時には発覚が遅くなって深刻化するという事態につながりか

第5章　発達障害・子どものこころと環境　　145

ねません。「あなたを信頼して貸すスマホは、あなたの人生を楽しく有意義にするためだけに使って欲しい。注意して使っていたとしても、もし誰かを傷つけたり、あなたが傷ついたりした時には、深刻になる前に親に相談して欲しい」と伝え、親は見守るようにするとよいでしょう。

　昔は雑誌に「文通相手募集」コーナーがあったり、「住所や名前を書いた紙をビンに入れて海に流す」といったこともありました。これらは「会ったこともない人と友だちになりたい」と思う好奇心からの行動ですが、今では情報技術によってそれが簡単にできるようになり、悪意の利用も容易にしてしまいました。つまり、ネットで人と知り合うこと自体が問題ではなく、騙されたり、お金目当てでついていくことが問題なのですが、日頃からの親子の信頼関係や愛着の中で、お子さんが「自分は親にとって大切な存在だから、親を悲しませるようなことはできない」などと感じられれば、行動は自制できます。同時に、「（自分に不利なことでも）親に相談すれば必ず力になってくれる」という信頼感も大切です。

　ネット依存で睡眠不足というのは中高生にはよくあることです。親子間のルール決めで解決しようとする場合には、子どもだけルールに従わせて、親は授業参観の時も、食事、会話中もスマホから目を離さない……といったことがないようにしたいものです。（谷川由起子）

Q98 頻繁な夫婦ゲンカはやはり子どもの情緒に影響しますか？

　中学１年生の息子がよく保健室に行っていたり、授業中にいきなり泣き出したりしていたことは以前も担任の先生から連絡を受けて知らされていましたが、息子が教室の壁に花瓶を投げつけて割ってしまったと聞き、ふだんはおとなしい息子だけにすごくショックでした。理由はだいたいわかっているつもりです。最近、息子の成績をめぐって夫婦ゲンカが絶えません。保健室の先生は、適応障害の可能性も疑ってみるべきだと言っていました。

ご質問の「頻繁な夫婦ゲンカは子どもの情緒に影響しますか？」については、「もちろん影響します」と答えざるを得ません。ご質問の中に「（お子さんの不安定さの）理由はだいたいわかっているつもりです」とありますので、答えはもうご両親が思いあたられているのかもしれませんね。

中学生というのは最も不安定で多感な時期です。小学生のような無邪気さも、高校生のような自由もありません。俗に言う「中1ギャップ」のように、教科担任制や部活動、学習内容の難易度アップに負担感を抱いているかもしれません。思春期によって自分自身を持て余していたり、わけもなくイライラしたり、自分の中にもうひとりの自分がいるような感じと闘っていることもあるでしょう。そんな時期のお子さんが、親と何気ない会話をしたかったり、悩みを相談したかったり、愚痴を聞いて欲しかったりした時に、家の中が話しやすい雰囲気だとよいですね。自分の成績が夫婦ゲンカの原因になっていることはお子さん自身が一番よくわかっているけれど、中学校の勉強は難しくて、がんばっても思うように成果が出ず、どうしたらよいのかわからなくなっているのかもしれません。授業中に泣き出したり保健室に行ったり、花瓶を投げてしまったことで、教室にいづらい気持ちを抱えている可能性もあります。うまく乗り越えていけるよう、ご両親が応援団になれるとよいと思います。

適応障害かどうかは医療機関を受診しないとわかりませんが、「適応障害を疑われるほどお子さんは追い込まれている」と考えた方がいいかもしれません。ご両親はお子さんが心配だからこそケンカになってしまうのだと思いますが、まずはお子さんのいないところで話し合い、急に仲良くすることはできなくても、協力してお子さんを支えられるように相談してみてください。（谷川由起子）

Q99 素行に問題がある女子生徒のことで困っています

女子生徒の問題行動について質問です。来年は高校受験を控え、担任のわたしも志望校に入学してほしいと思っていたのですが、夏休み明けからすでに3回も飲酒や万引きなどで補導され、援助交際のようなこともしていたようです。学校ではご両親と話しあう必要を感じ、面談を求めましたが、お仕事の都合で断られてしまいました。1学期までは成績もよく、素行に問題があったわけでもありません。学校としてはどんなことができますか。

学校はご苦労されていますね。生徒の「問題」と思われる行動が何かのサインと考えることもできます。突然にそのような非行傾向がはじまったことを考えると、家庭内で何か問題が起こり、親は学校で原因を追及されると困るから来ないのか、親自身がまったく余裕がないという可能性があります。生徒はもう中学3年生ですから、親への働きかけは根気よく続けるとして、同時進行で生徒本人に力をつけさせることが必要です。

学校では生徒本人が落ち着いている時を選んで、生徒指導的にではなく、できれば生徒本人と関係がよい先生が気持ちを聞いてあげてください。責めるのではなく、「あなたを心配している・あなたは大切な生徒である」「進路選択の幅が狭まってしまったら、もったいない」「荒れた行動をしなければならない原因を抱えているのではないか」ということを、静かに、本人が話してもいいと思えるまで優しく聞いていくことが必要です。本人の許可を得た上で家庭訪問することも検討してください。家の中まで入れなくても雰囲気から家庭内の状況を察することができるかもしれません。

非行は二次障害の場合がほとんどです。不適切な養育環境や虐待によって愛着障害が起こっていたり、発達障害や精神疾患が非行という形で表れることもあります。親の気をひくために問題行動を起こしているのに、このケースではなお親の関心を引くことができていません。本人は無意識に

行動化しているのかもしれませんが、生徒が抱える苦しさに学校が本気で寄り添えた時、真実がわかると思います。

一方で、学校の指導に協力できない保護者にも、何らかの事情があるかもしれません。生徒の問題行動が急にはじまったことを考えると、家庭の状況が急変した可能性があります。学校に非協力的な保護者への対応は大変な苦労を伴いますが、裏にある事情を思い計り、「親が悪い」と決めつけず、スクールソーシャルワーカーなども活用して対応してください。

卒業までの期間を考えると、親の考えや対応を変えていくには時間が足りないかもしれません。その分、生徒に力をつけて進路を考えることが望ましいです。先生や友だちは自分を大切に思ってくれている、困った時は相談してもいいんだと、生徒が考えられるような機会になると、今後の彼女の支えにもなります。（谷川由起子）

Q100 死の悲しみをわかちあえるような指導方法を教えてください

小学校の校庭で飼っていたウサギが死んでしまいました。世話をしていた児童ばかりではなく、クラスのみんながとても悲しんでします。今回はウサギでしたが、友だちの事故死、病死、あるいは自殺など、親しい友だちがある日、不幸にも亡くなってしまったとき、教員はどのようにその死を伝えていくべきなのでしょう。カウンセリングを受けさせるかどうかではなく、遺族の気もちによりそえるような指導の在り方についてご教授ください。

家族の死、友人の死、飼っていたペットの死など、子どもたちは死と向かい合わなければならない時が意外と多いものです。「死」を体験すると子どもたちは睡眠がとれなくなる、食欲が減退するなどの身体的な反応や自室に閉じこもるなどの反応を示したり、また誰かが死ぬに違いない！ などの極端な思いに捕らわれる場合もあります。

さらに「深く悲しみ泣き出す子」「○○の死は自分のせいだと、自らを責める子」「どうしていいかわからず茫然自失の状態に陥る子」なかには「どうふるまってよいかわからず、ふざけてしまう子」もいます。

　子どもたちが「死」を受け止め、不安から回復するためには無理に子どもの気持ちを聞き出そうとすることは避けたほうがよいでしょう。子どもから話を聞いて欲しいとの要望があった際には、丁寧に話を聞くことが大切です。また担任はひとりで抱え込まず、養護教諭やスクールカウンセラーなどと協働して対応する相談支援体制が必要となります。特に動揺が激しいお子さんの場合には保護者とも密接に連絡を取り合うことが大切です。

　チームで相談支援を実施する際は、子どもの状況や支援方法を共有するとともに不眠や食不振などの身体的な症状が継続し、抑うつ的な気分がみられる場合は注意が必要です。さらに、言葉で自分の気持ちや考えを十分に表現できにくい小学生の場合は処理できない気持ちを激しい行動として表現してしまうことも多いものです。このような症状がみられた場合には、うつ病などの精神疾患を発症する恐れもあるので医療機関への受診を勧めることも重要です。

　さらに思春期の女子は、家族や身近な友人が死亡した場合は「私も死にたい」などの自死念慮にかられる場合もあります。対応する際は、死や死後の世界を美化したりする言動などは慎み「どんなことがあっても、死んではいけない！」という強いメッセージを送りつつ、深い悲しみからの立ち直りを支援する必要があります。（小野學）

おわりに

　この本が、こうした形で出版されるに至るまで、私にとっては、かなり長い道のりでした。「スクールソーシャルワークについて、日ごろの実践の活動をまとめてみませんか」と新聞記者である友人から声をかけられたのは、私が北海道にいた15年以上も前のことです。当時の私は、自分の実践活動の「報告」をすることはできても、それ以上の深まりについての考えがまとまらず、その企画は静かに消えてしまいました。しかしその後も、この実践について何かしらの形で社会にお伝えする機会があればよいな、と思っていました。

　その後、2016年にスクールソーシャルワーカーについての取材を受けたのを契機に、この活動を本にまとめる話をいただきました。私一人に見えている実践は、スクールソーシャルワーク実践の一部でしかないので、より多くの方々に参画していただいて本にまとめていきたいと考え、編集作業には高良先生に、そして執筆においてもスクールソーシャルワーク実践を行っている方や、その養成にかかわっている方々に参加していただきました。多様な視点や実践からの原稿が集まり、それぞれの立場からスクールソーシャルワークが取り組んでいる問題や子育てについて一緒に考えていく原稿が揃いました。これでやっと本として出版されると思っていたところ、今度は出版社の事情から計画が暗礁に乗り上げてしまいました。私としては、執筆者の方々に対して申し訳なく、編集担当の責任者として、どうしたらよいものかと頭を抱えてしまいました。

　そのような中で手を差し伸べてくれたのが、生活書院の髙橋さんです。

そのころ私は、（福祉系ではない）他大学の兼任講師を担っており、どのくらいの学生がスクールソーシャルワーカーについて知っているのかをたずねたことがありました。9割以上の学生が「ニュースか新聞で名前だけ見たことはあっても実際は知らない」と回答し、その認知度の低さに改めて驚きました。子どもの貧困対策にも活用されてきており、世間一般においても見聞きする機会は増えていても、その認識は「名前に『スクール』と付いているから何かしら学校に関することだろう」といったレベルで、どんな問題に取り組み、どんな支援が展開されているのかは知られてはいませんでした。そうした背景もあり、この読みやすく実用的な本を何としても出版したいという気持ちから、高橋さんに相談し、今日の日を迎えるに至っています。こうした経緯もあり、私にとって本書は思い入れのある一冊です。

　一緒に編集作業を担ってくれた高良先生、執筆を快諾して原稿を提供してくれた朝日さん、小笠原先生、小野先生、佐々木さん、新藤さん、菅江さん、竹村さん、谷川さん、多良さん、中條さん、土井さん、福間さん、藤原さん、宮地さん、安永さん、そして出版を引き受けてくださった高橋さんのご厚意と尽力に、心からの感謝を伝えたいと思います。

　個々の原稿はそれぞれの執筆者のものですが、本全体の編集のために、一人ひとりの原稿にバイヤスがかかってしまったものもあるかもしれません。本書に対しての忌憚のないご意見やご質問をいただけると幸いです。

　最後になりましたが、執筆を担当していただいた小笠原恵先生が、病気療養中のところ2019年4月10日に永眠されました。小笠原先生には、発達に課題をもつ子どもとその家族について、わかりやすくていねいな原

稿を提供していただきました。本当にありがとうございました。小笠原先
生のご冥福をお祈りしたいと思います。

　2019 年 6 月

　　　　　　　　　　　　　　　　　　　　　　　　　　岩田美香

編著者紹介

岩田美香（いわた　みか）

　北海道大学大学院教育学研究科博士課程修了（教育学博士）。北海道医療大学看護福祉学部専任講師、北海道大学大学院教育学研究院准教授を経て、現在、法政大学現代福祉学部教授。

　スクールソーシャルワーカースーパーバイザー。児童養護施設スーパーバイザー。

　主な著書に、『シリーズ子どもの貧困第 2 巻　遊び・育ち・経験』(共著、明石書店、2019 年)、『スクールソーシャルワーカーの学校理解』(共著、ミネルヴァ書房、2015 年) 、『現代社会と子どもの貧困——福祉・労働の視点から』(共編著、大月書店、2015 年)、『子どもの貧困』(共著、明石書店、2008 年)、『現代社会の育児不安』(単著、家政教育社、2000 年) など

【Q61、62、65、66、80、おわりに】

髙良麻子（こうら　あさこ）

　コロンビア大学大学院スクールオブソーシャルワーク修了後、在宅介護支援センター勤務。東洋大学大学院福祉社会デザイン研究科社会福祉学専攻修了、博士（ソーシャルワーク）。東京家政学院大学人文学部人間福祉学科助手、東京学芸大学教育学部講師・准教授・教授を経て現在、法政大学現代福祉学部教授。社会福祉士。

　主な著書に、『ジェネリスト・ソーシャルワークを実践するために——スクールソーシャルワーカーの事例から』(編著、かもがわ出版、2022 年)、『日本におけるソーシャルアクションの実践モデル——「制度からの排除」への対処』(単著、中央法規出版、2017 年)、『独立型社会福祉士——排除された人びとへの支援を目指して』(編著、ミネルヴァ書房、2014 年)、『子どもが笑顔になるスクールソーシャルワーク——教師のためのワークブック』(編著、かもがわ出版、2014 年) など

【はじめに、Q5、9、18、19、20、83】

執筆者紹介（執筆順）

土井幸治（どい　こうじ）
　福岡県内スクールソーシャルワーカー、久留米大学文学部助教
【Q1、4、6、7、8、17】

宮地さつき（みやち　さつき）
　文教大学人間科学部講師
【Q2、14、27、31、43、56】

多良惠子（たら　けいこ）
　もと調布市教育委員会スクールソーシャルワーカー
【Q3、25、30、47、48、67】

朝日華子（あさひ　はなこ）
　福島工業高等専門学校スクールソーシャルワーカー
【Q10、11、12、13、15、16】

谷川由起子（たにがわ　ゆきこ）
　八王子市学校教育部教育指導課統括担当スクールソーシャルワーカー
【Q21、24、32、55、97、98、99】

中條桂子（ちゅうじょう　けいこ）
　昭和女子大学非常勤講師
【Q22、23、26、44、45、96】

佐々木千里（ささき　ちさと）
　スクールソーシャルワーカー・スーパーバイザー、立命館大学、愛知県立大学大学院非常勤講師
【Q28、29、33、35、36、59】

安永千里（やすなが　ちさと）

　横浜国立大学附属スクールソーシャルワーカー

　【Q34、37、38、58、68、71】

菅江佳子（すがえ　よしこ）

　大田区教育センター　スクールソーシャルワーカー

　【Q39、41、42、46、60、70】

竹村睦子（たけむら　むつこ）

　一般社団法人子ども・若者応援団代表理事

　【Q40、49、50、52、53、54】

福間麻紀（ふくま　まき）

　北海道医療大学看護福祉学部准教授

　【Q51、57、69、74、81、82】

新藤こずえ（しんどう　こずえ）

　上智大学総合人間科学部准教授

　【Q63、64、72、75、76】

藤原里佐（ふじわら　りさ）

　北星学園大学短期大学部教授

　【Q73、77、78、79、88、89】

小笠原恵（おがさはら　けい）

　東京学芸大学教育学部教授

　【Q83、84、85、86、87、90】

小野學（おの　さとる）

　筑波大学心理・発達教育相談室相談員

　【Q91、92、93、94、95、100】

本書のテキストデータを提供いたします

　本書をご購入いただいた方のうち、視覚障害、肢体不自由などの理由で書字への
アクセスが困難な方に本書のテキストデータを提供いたします。希望される方は、
以下の方法にしたがってお申し込みください。

◎データの提供形式＝ CD-R、フロッピーディスク、メールによるファイル添付（メー
ルアドレスをお知らせください）。

◎データの提供形式・お名前・ご住所を明記した用紙、返信用封筒、下の引換券（コ
ピー不可）および 200 円切手（メールによるファイル添付をご希望の場合不要）を
同封のうえ弊社までお送りください。

●本書内容の複製は点訳・音訳データなど視覚障害の方のための利用に限り認めま
す。内容の改変や流用、転載、その他営利を目的とした利用はお断りします。

◎あて先
〒 160-0008
東京都新宿区四谷三栄町 6-5 木原ビル 303
生活書院編集部　テキストデータ係

【引換券】
いじめ・虐待・貧困から
子どもたちを守るための
Q&A100

いじめ・虐待・貧困から
子どもたちを守るための Q&A100
──スクールソーシャルワーカーの実践から

発　行————2023 年 7 月 1 日　初版第 2 刷発行
編　者————岩田美香・髙良麻子
発行者————髙橋　淳
発行所————株式会社　生活書院
　　　　　　　〒 160-0008
　　　　　　　東京都新宿区四谷三栄町 6-5 木原ビル 303
　　　　　　　Ｔ Ｅ Ｌ 03-3226-1203
　　　　　　　Ｆ Ａ Ｘ 03-3226-1204
　　　　　　　振替 00170-0-649766
　　　　　　　http://www.seikatsushoin.com
印刷・製本——株式会社シナノ

Printed in Japan
2019 © Iwata Mika, Koura Asako
ISBN 978-4-86500-098-6

定価はカバーに表示してあります。
乱丁・落丁本はお取り替えいたします。